CAFÉ COM AROMA DE
PECADO

CIP-BRASIL. CATALOGAÇÃO NA PUBLICAÇÃO
SINDICATO NACIONAL DOS EDITORES DE LIVROS, RJ

L515c   Ledur, Paulo Flávio
           Café com aroma de pecado : porções diárias de língua portuguesa / Paulo Flávio Ledur. – 1. ed. – Porto Alegre [RS] : AGE, 2025.
           403 p. ; 16x23 cm.

           ISBN 978-65-5863-321-1
           ISBN E-BOOK 978-65-5863-323-5

           1. Língua portuguesa – Gramática. 2. Linguagem. I. Título.

24-94016   CDD: 469
                           CDU: 811.134.3

Gabriela Faray Ferreira Lopes – Bibliotecária – CRB-7/6643

Prof. **LEDUR**

CAFÉ COM AROMA DE PECADO

Porções Diárias de Língua Portuguesa

Editora AGE

PORTO ALEGRE, 2025

© Paulo Flávio Ledur, 2025.

Capa:
Maximiliano Ledur,
utilizando imagens de Freepik

Diagramação:
Júlia Seixas

Supervisão editorial:
Paulo Flávio Ledur

Editoração eletrônica:
Ledur Serviços Editoriais Ltda.

Reservados todos os direitos de publicação à
EDITORA AGE
editoraage@editoraage.com.br
Rua Valparaíso, 285 – Bairro Jardim Botânico
90690-300 – Porto Alegre, RS, Brasil
Fone/Fax: (51) 3061-9385 – (51) 3223-9385
vendas@editoraage.com.br
www.editoraage.com.br

Impresso no Brasil / Printed in Brazil

PREFÁCIO

Imagine um *show* dos Beatles. Visualize um jogo da seleção brasileira de futebol de 1970. Pense num jantar preparado pelo *chef* espanhol Dabiz Muñoz.

Agora, sofra comigo.

Antes dos primeiros acordes de *Let it be*, há um solista de tuba com desvio de septo no palco. Precedendo o lançamento de Gerson para Pelé, um varzeano manco tenta fazer embaixadinhas no meio do campo. Atrasando o *dumpling* com orelha de porco crocante e molho chinês Hoisin de morango cuidadosamente preparado por Muñoz, um elemento de unhas espessas quer lhe servir um ovo colorido de rodoviária.

Eu sou o empaca-prazer. O Ledur é o manjar.

Fazer um prefácio de qualquer obra do mestre Paulo Flávio Ledur é uma tremenda sacanagem. Sim, tremenda. Sim, sacanagem.

Tremenda vontade de ler logo o texto afiado do Ledur, que nos ensina com leveza única como pode ser bom escrever em bom português. A redundância é uma vingança.

Sacanagem que estas linhas não podem nem ser consideradas uma gostosa preliminar: as mãos que a escrevem não chegam nem perto do toque de Eros do mestre. Sinta essa metáfora.

Sigamos por esse caminho. Quem sabe encontramos juntos o tal ponto G?

Café com Aroma de Pecado – Porções Diárias de Língua Portuguesa é um livro para você se satisfazer a qualquer hora. Sozinho ou acompanhado, sempre há prazer em dedilhar este instrumento do bom português.

Bom? Não, melhor. Muito melhor. A cada dia, o professor Ledur nos ensina como escrever de forma livre, leve, solta e, ainda por cima, correta.

Repito: a cada dia. Além de tudo, esta obra é uma agenda. De 1.º de janeiro a 31 de dezembro, há generosas porções de conhecimento acompanhadas de um humor apenas possível para quem sabe ensinar brincando.

Mas ainda se usa agenda atualmente? Essa é uma ótima pergunta. Do jeito que estamos perdidos, talvez não. Da forma que precisamos nos encontrar, com certeza deveríamos.

Pronto: já passou da hora de você parar de manusear este prepúcio, digo, prefácio: passe logo ao interessantíssimo.

De ponto em ponto, você ultrapassará o G e alcançará o L.

O L de letras limpas, de leitura legal, de Ledur lapidar.

De minha parte, agradeço muito, muito mesmo, sua companhia até aqui. Quando recebi o convite do editor para fazer esta introdução, neguei três vezes. Ao notar que ele finalmente aceitaria minha negativa, rapidamente disse:

– OK, tô dentro. Quantos caracteres pode ter o texto?

– No máximo, 2.500.

Chegamos aos dois e quinhentos. Por acaso sou bobo de perder um minuto no palco para abrir um *show* do mestre Paulo Flávio Ledur?

Marcos Eizerik
Publicitário

APRESENTAÇÃO

Por que CAFÉ?
• Porque o café marca o início do dia.
• Porque o café é desculpa para variados momentos de comunicação prazerosa: Vamos tomar um café?! Vamos a um café?! É bom assunto para um café...

Por que COM AROMA?
• Porque aroma lembra algo gostoso.
• Porque, para muitos, o melhor do café é seu aroma. Existe aroma melhor que o do café? "Tá fazendo na cozinha, tá cheirando aqui."

Por que DE PECADO?
• Porque pecado lembra algo errado, proibido, mas, talvez por isso mesmo, gostoso. Diante de algo ou alguém muito especial, dizemos: Que pecado!
• Porque pecado nos remete a algo de que precisamos nos livrar, como é o caso dos equívocos de comunicação.

Por que PORÇÕES DIÁRIAS?
• Porque é a forma mais leve de obtermos o perdão, a correção dos nossos pecados, em pequenas porções e no início de cada dia, quando a mente ainda está livre.

O Autor

JANEIRO

Os 10 mandamentos da comunicação moderna 1
  1. Dizer tudo com o mínimo de palavras 1
  2. Escrever com sabor 1
  3. Adotar frases curtas 2
  4. Evitar palavras difíceis 2
  5. Não desgrudar do destinatário 3
  6. Inserir-se no meio 3
  7. Ser preciso 4
  8. Ser objetivo 4
  9. Empurrar para cima 5
  10. Escrever com correção 5

A formação do significado 6
  1. Primeiro passo: criação do cenário 6
  2. A escolha das palavras mais adequadas 6
  3. A ordem dos fatores altera o produto 7
  4. A importância do senso comum 7
  5. O criminoso que não matou 8
  6. Profissionais incorretos 8
  7. O ruim que está bom 9
  8. Entre a vida e a morte 9
  9. O significado das palavras é dinâmico 10
  10. Mudança radical de significado 10

Como se recupera uma dívida? 11
Falar ou escrever, o que é mais difícil? 11
Ouvir / Escutar 12
Exemplo de polissemia 12
Furto ou roubo? 13
Dizer, falar, afirmar e informar 13

Existe água seca?..14
Trânsito pesado nas saídas da cidade 14
Distanciamento social ou físico? 15
Bastante com o sentido de *muito*......................................15
Por que o hífen em *segunda-feira* 16
Animal puro-sangue 16
Lava-jato / Lava a jato 17
O verdadeiro sentido do despejo 17
Bairro Centro?..18
Inconteste / Incontestável 18
Pessoa humana 19
Possuir só quando envolve *posse*.......................................19
O verdadeiro sentido de *repercutir* 20
A priori / *A posteriori*...20
Dação / Doação..21
Quarentena de 14 dias?..21
A princípio / Em princípio 22
Em nível de / A nível de 22
Eminente / Iminente 23
Emigrar / Imigrar 23
Por que *fake news*?...24
Salvo melhor juízo...24
RSVP 25
Andar a passos largos 25
Entubar / Intubar 26
Cortar caminho 26
Para maiores informações, ...27
Falência múltipla de órgãos 27
A / Há 28
Acerca de / A cerca de / Há cerca de 28
Outra alternativa 29
Afim / A fim 29
À medida que / Na medida em que 30
Ao invés de / Em vez de..30
Onde / Aonde...31
Onde / Quando 31

OS 10 MANDAMENTOS DA COMUNICAÇÃO MODERNA

1. DIZER TUDO COM O MÍNIMO DE PALAVRAS

Vivemos num mundo em pressa. Ninguém tem tempo para mais nada. Muitos até têm, mas pensam que não têm, o que dá na mesma. Isso significa que nossa comunicação tem que ser rápida, concisa. Textos longos não serão lidos. Se não serão lidos, por que escrevê-los? Quem escreve, sim, tem que dispor de todo o tempo necessário. Em conclusão, tem-se o primeiro mandamento: **Dizer tudo com o mínimo de palavras**.

2. ESCREVER COM SABOR

Ler é hábito cultivado por poucos. Assim, para ter alguma possibilidade de ser lido, o texto não pode ser chato; pelo contrário, precisa ser escrito de forma gostosa, leve, com picardia, que chame o leitor. Deve ser como o aroma do café. Daí o segundo mandamento: **Escrever com sabor.**

Espaço para suas experiências (o que você quiser registrar)

_____
_____
_____
_____
_____
_____
_____
_____

3. ADOTAR FRASES CURTAS

Como já vimos, é difícil trazer o cidadão de hoje para a leitura, porque ele tem pressa, muita pressa. Por isso mesmo, ele se nega a ler mais de uma vez o mesmo texto; não há releitura; antes dela, ocorre o abandono. Aliás, quem tem que reler, até mesmo mais de uma vez, é o autor do texto. Assim, para serem lidas, as frases têm que ser curtas, de entendimento imediato. Vem daí o terceiro mandamento: **Adotar frases curtas**.

4. EVITAR PALAVRAS DIFÍCEIS

Houve época em que era moda empregar palavras de raro uso, desconhecidas do leitor comum, que tinha que ir ao dicionário para entender seu significado. Ocorre que havia tempo para isso. O que antes era uma virtude, hoje é defeito; não há lugar para palavras rebuscadas no texto moderno, porque o leitor não tem tempo (ou acha que não tem) para ir ao dicionário. O que ele fará? Vai nos abandonar. Segue o quarto mandamento: **Evitar palavras difíceis**.

Espaço para suas experiências (o que você quiser registrar)

_____
_____
_____
_____
_____
_____
_____

5. NÃO DESGRUDAR DO DESTINATÁRIO

Antes de começar, é preciso saber para quem se vai escrever. Não existe forma capaz de agradar a todos. O destinatário pode ser jovem ou idoso, culto ou apenas alfabetizado, médico, advogado, magistrado, industrial, comerciante, comerciário, servidor público, religioso, ateu, de diferentes ideologias, de variado gosto, etc. Admiro os jornalistas, que escrevem textos multidirecionais, isto é, para todos os públicos. Assim, impõe-se o quinto mandamento: **Não desgrudar do destinatário**.

6. INSERIR-SE NO MEIO

Churrasco, campo de futebol, reunião de família, ato religioso, sessão de tribunal, reunião de ministros, cerimônia de posse, homenagens, entre outros tantos encontros, requerem diferentes formas de comunicação. Portanto, quem se comunica, precisa levar em conta as características e finalidades de cada encontro ou ocasião. Por exemplo: aquela autoridade tratada por *Vossa Excelência* no ambiente formal não o será num churrasco entre amigos; seria ridículo. A linguagem tem que refletir o meio em que ela ocorre. Daí o sexto mandamento: **Inserir-se no meio**.

Espaço para suas experiências (o que você quiser registrar)

_____
_____
_____
_____
_____

7. SER PRECISO

A precisão é qualidade que se impõe na comunicação moderna. Significa que é necessário levar em conta não apenas o sentido primário das palavras, mas também o significado inferido, aquilo que pode ser deduzido, as chamadas figuras de linguagem. É preciso ficar atento ao contexto em que as palavras estão sendo usadas, até mesmo para não ferir suscetibilidades, em especial aquelas muito visadas em nossos dias, como as alusivas a raça, religião, preferências sociais e sexuais, entre outras. A precisão é essencial também na linguagem técnica e administrativa. Por isso, mais um mandamento se impõe: **Ser preciso**.

8. SER OBJETIVO

No mundo em pressa, é fundamental adotar a objetividade. Significa ir direto ao assunto, sem dar voltinhas pelos lados e pelos ares. Por exemplo, em vez de usar "Vimos por meio deste comunicar", deve-se ir diretamente ao que interessa: "Comunicamos". Assim se livra o leitor da chatice de ler o que ele já sabe, ou seja, que "vimos" e que é "por meio deste". São obviedades que se originaram da necessidade de ser cortês; hoje ser objetivo é a melhor forma de ser cortês. Então, pratique-se o oitavo mandamento: **Ser objetivo**.

Espaço para suas experiências (o que você quiser registrar)

_____
_____
_____
_____
_____

9. EMPURRAR PARA CIMA

Para ser boa, a comunicação tem que ser altaneira, para cima, ao infinito, ao céu, bem-humorada, positiva; nunca para baixo, ao túmulo, ao nada, ao inferno, cheia de pecados, mal-humorada, negativa. Ela precisa impactar o destinatário, que, assim, se interessará pela sequência da leitura. Isso não acontecerá se o texto puxar para baixo. Por isso o nono mandamento: **Empurrar para cima**.

10. ESCREVER COM CORREÇÃO

As pessoas em geral não estão mais se preocupando com a correção gramatical e de linguagem, adotando o equivocado raciocínio de pensar que "o leitor vai entender, não importando se a grafia da palavra ou a concordância, etc. estão de acordo com a norma". Quem pensa assim, mal sabe que o leitor perderá toda a confiança ao ler um texto cheio de atentados contra as normas da língua. Isso sem contar que a correção deve ser questão de honra para quem escreve. Por isso, o décimo mandamento: **Escrever com correção**.

Nunca esqueça:
Comunicação não é o que se pretende dizer, nem mesmo o que se diz, mas o que é entendido.

Espaço para suas experiências (o que você quiser registrar)
_____
_____
_____
_____

6 JANEIRO

A FORMAÇÃO DO SIGNIFICADO

1. PRIMEIRO PASSO: CRIAÇÃO DO CENÁRIO

Antes de iniciarmos a elaboração de um texto, criamos um cenário, um contexto adequado ao que queremos expressar; a escolha das palavras e o seu arranjo vêm depois. O mesmo faz o pintor, que, antes de lançar mão dos pincéis molhados nas tintas, elabora mentalmente o quadro a ser produzido. Aliás, tenho a impressão de que todo processo criativo, em qualquer manifestação cultural, começa assim.

2. A ESCOLHA DAS PALAVRAS MAIS ADEQUADAS

Com o cenário em mente, é chegado o momento de elaborar as frases, utilizando as palavras mais adequadas. Neste passo, é importante saber que as palavras carregam o sentido primário, mas que a riqueza maior do significado está na relação que se estabelece entre elas e o contexto do assunto abordado. Essa relação tem que ser harmoniosa e produtiva. É a forma de fazer com que as palavras cresçam em seu significado, fazendo jus ao velho ditado segundo o qual "a união faz a força". Em outras palavras, o significado de uma frase bem construída é muito mais do que a simples soma dos elementos que a constituem.

Espaço para suas experiências (o que você quiser registrar)

_____
_____
_____
_____

3. A ORDEM DOS FATORES ALTERA O PRODUTO.

No estudo da matemática aprendemos que, nas operações de soma e de multiplicação, a ordem dos fatores não altera o produto. Nas construções de frases, no entanto, esse princípio não se aplica. Exemplo: nas expressões "grande mulher" e "mulher grande", as palavras são as mesmas; apenas mexemos na ordem, e o significado se modificou por completo. Quem escreve tem que ter absoluta certeza do que ele pretende expressar, se quer se referir ao porte físico dessa mulher ou a sua importância.

4. A IMPORTÂNCIA DO SENSO COMUM

Um ponto de alto grau de dificuldade para quem se comunica é manter-se em sintonia com o ouvinte ou leitor, o que se denomina senso comum. No exemplo anterior, a diferença de sentido que se estabelece é perfeitamente compartilhada porque as duas partes entendem o significado contextual inserido na expressão. É exatamente na habilidosa exploração contextual do senso comum que reside o poder maior da comunicação. Em outras palavras, o sentido primário das palavras é pobre; a riqueza está nas relações e no contexto.

Espaço para suas experiências (o que você quiser registrar)

_____
_____
_____
_____
_____

8 JANEIRO

5. O CRIMINOSO QUE NÃO MATOU

Quando procurado por um assassino confesso, uma das primeiras afirmações do advogado pode ser esta: "Não, você nunca matou ninguém". É certo que a frase não pode ser interpretada ao pé da letra; trata-se de um pedido veemente para que ele negue a autoria do crime. É uma forma sutil de explorar o contexto. Em relação ao significado, este é bem mais impactante do que seria se o advogado usasse a forma convencional: "Nunca diga que você matou".

6. PROFISSIONAIS INCORRETOS

Diante da afirmação de um pai: "Meu filho é advogado, mas é correto", todos entenderão que o pai é preconceituoso, pois está a afirmar que os advogados, com exceção do filho, não são corretos, mesmo que na frase não haja qualquer palavra dizendo isso. O injusto dano causado aos nobres operadores do Direito foi obra do contexto. Quem serviu de instrumento para isso foi a conjunção adversativa *mas*, muito utilizada para obter esse importante desvio no significado.

Espaço para suas experiências (o que você quiser registrar)

_____
_____
_____
_____
_____
_____
_____

7. O RUIM QUE ESTÁ BOM

"Está ruim, mas está bom." Como assim? Se está ruim, não pode estar bom. Pode, sim. Por exemplo: durante a pandemia da Covid-19 era tudo muito ruim, mas quem estava tranquilo em casa certamente poderia achar que, num ambiente daqueles, ele era um privilegiado, portanto estava bom. Afinal, estava vivo.

8. ENTRE A VIDA E A MORTE

Antes de se submeter a uma cirurgia de alto risco, o paciente pergunta ao cirurgião: "Qual é a minha chance de sobreviver?" O médico, um estrategista da comunicação, respondeu: "Você tem 5% de chance de sobreviver". Do ponto de vista da matemática, o médico diria a mesma coisa se tivesse respondido assim: "Você tem 95% de chance de morrer". No entanto, a forma que o paciente preferiu ouvir é mesmo a primeira, porque faz alusão à vida, e não à morte.

Espaço para suas experiências (o que você quiser registrar)

_____
_____
_____
_____
_____
_____
_____
_____

10 JANEIRO

9. O SIGNIFICADO DAS PALAVRAS É DINÂMICO

As palavras acompanham o ser humano em tudo que este realiza. Por isso, elas vão se adaptando às necessidades de comunicação. Exemplo: o verbo *acender*, que tem o sentido original de atear fogo, estendeu seu significado quando o homem inventou a energia elétrica, que possibilitou a criação de outra forma de iluminação. A partir daí o verbo passou a significar também ligar, acionar. Algo semelhante ocorreu com o verbo *embarcar* e seus derivados. Do sentido original de ingressar na barca, com a invenção de outros meios de transporte, continuamos embarcando, mas em automóvel, caminhão, ônibus e avião, mesmo sabendo que não se trata de barca.

10. MUDANÇA RADICAL DE SIGNIFICADO

Exemplo marcante de mudança de significado ocorreu com o substantivo *vilão*. Em tempos remotos, era o nome que se dava ao morador da vila. Lembro muito bem que na minha infância em Arroio das Pedras, interior do atual Município de Bom Princípio, então distrito de São Sebastião do Caí, nós chamávamos de *vila* o núcleo urbano de Bom Princípio: "Vou até a vila". É certo que a denominação *vilão* já não usávamos mais. Imagino que alguns moradores das vilas europeias, os então *vilões*, adquiriram a fama de enganar os das zonas rurais, razão por que a palavra assumiu o sentido pejorativo de hoje: os vilões da história.

Espaço para suas experiências (o que você quiser registrar)
_____
_____
_____

COMO SE RECUPERA UMA DÍVIDA?

O *slogan* de uma campanha publicitária de entidade cartorial anuncia isto: "O jeito mais eficiente de recuperar uma dívida". Que significa recuperar uma dívida? Entendo que seja isto: alguém quita uma dívida, se arrepende e trata de reavê-la, de recuperá-la. Na verdade, a intenção dos autores da frase não é essa, e sim de cobrar a dívida; assim: "O jeito mais eficiente de cobrar uma dívida". Forma correta, clara e mais enfática. Trocar o simples e rápido verbo *cobrar* por *recuperar* não proporcionou qualquer vantagem, além de incorrer em erro por falta de precisão.

FALAR OU ESCREVER, O QUE É MAIS DIFÍCIL?

À primeira vista, falar é mais fácil, porque se pode contar com os valiosos recursos visuais e auditivos: gestos, punhos cerrados, mãos espalmadas, dedo em riste, piscar de olhos, testa franzida, inclinação do corpo, mudanças no tom de voz, fala mais ou menos acelerada, tons mais graves ou agudos, sorrisos, gargalhadas, choro, entre outras formas de significado. Na escrita, dispomos de mais tempo para elaborar a comunicação, mas temos que compensar esses recursos com palavras e construções frasais mais impactantes, explorando o contexto. Portanto, em tese, escrever é mesmo mais difícil.

Espaço para suas experiências (o que você quiser registrar)

_____
_____
_____
_____

OUVIR / ESCUTAR

As duas palavras são comumente usadas como sinônimas; os próprios dicionários admitem. Na verdade, escutar significa acionar os órgãos da audição na tentativa de ouvir, enquanto ouvir consiste na concretização da percepção do som, da audição de fato. Como o uso consagrou essa sinonímia, é preciso aceitá-la, mas se alguém quiser ser absolutamente preciso, é interessante fazer a distinção.

EXEMPLO DE POLISSEMIA

Muitas palavras, em função de determinadas semelhanças, acabam virando verdadeiras figuras de significado de amplo espectro. Exemplo marcante é a palavra *estrela*. Do sentido original de se referir ao ponto luminoso do firmamento, passou a significar tudo aquilo que brilha, seja o brilho original ou imaginário. Existem as estrelas em qualquer atividade humana: cinema, esporte, negócios, magistério, jornalismo, literatura, etc. Até mesmo em momentos de dor as estrelas aparecem, pois, quando o impacto da dor é significativo, a vítima diz que viu estrelas.

Espaço para suas experiências (o que você quiser registrar)

_____
_____
_____
_____
_____
_____
_____

13 JANEIRO

FURTO OU ROUBO?

Em textos mais soltos, como no ambiente literário, por serem coloquiais e sujeitos às influências de contextos populares, utilizam-se formas menos precisas, situação em que os significados de diferentes palavras se aproximam, muitas vezes se tornando sinônimas. É o caso de *furto* e *roubo*, usadas muitas vezes com sentido igual. No entanto, nas linguagens jurídica e policial, as duas palavras expressam conceitos bem diferentes.

DIZER, FALAR, AFIRMAR E INFORMAR

Como no caso anterior, na linguagem coloquial estes verbos, assim como ocorre nas palavras deles derivadas, são comumente usados como sinônimos, o mesmo não ocorrendo na linguagem formal; *afirmar* e *informar* podem ser usados tanto em relação à fala quanto à escrita; enquanto isso, *dizer* e *falar* só podem ser usados em relação à linguagem oral.

Espaço para suas experiências (o que você quiser registrar)

_____
_____
_____
_____
_____
_____
_____
_____

EXISTE ÁGUA SECA?

Durante recente estiagem, foi esta a notícia do jornal: "A água do rio secou". Faltou precisão, porque, na verdade, a água não seca; o que secou foi o rio. Secou porque ficou sem água.

TRÂNSITO PESADO NAS SAÍDAS DA CIDADE

Era a informação do repórter. Ao ouvinte menos avisado, podia parecer que nessas vias circulavam predominantemente caminhões e ônibus de grande porte, o que não correspondia à verdade, pois predominavam automóveis pequenos e médios. A comunicação precisa seria esta: Trânsito intenso nas saídas da cidade.

Espaço para suas experiências (o que você quiser registrar)

_____
_____
_____
_____
_____
_____
_____
_____
_____
_____
_____
_____
_____

DISTANCIAMENTO SOCIAL OU FÍSICO?

Durante a pandemia da Covid-19, as autoridades sanitárias, bem como as políticas, a todo momento recomendavam – e até mesmo exigiam – que as pessoas adotassem o distanciamento social para evitar a contaminação. Na verdade, há muitas formas de distanciamento social que não contaminam: telefone, Internet e todas as demais formas de comunicação à distância em geral. O que se estava querendo recomendar mesmo era o distanciamento físico. Portanto, mais uma vez faltou precisão.

BASTANTE COM O SENTIDO DE *MUITO*

Cada vez se usa mais *bastante* com o sentido de *muito*. Além de inadequada, a troca empobrece o significado. O sentido original de *bastante* não é *muito*, mas *suficiente*: bastante (suficiente) procurador; estudou o bastante para ser aprovado. Além disso, *bastante* tem sentido menor que *muito*. Por exemplo, comparando "ele trabalhou muito" com "ele trabalhou bastante", não parece que na primeira opção ele trabalhou mais do que na segunda? Portanto, ao invés de enriquecer, a troca empobreceu o significado. Outro dia um repórter nos deu prova contundente: "Não mudou muito, mas bastante". Portanto, em nome do significado, recomenda-se não trocar *muito* por *bastante*.

Espaço para suas experiências (o que você quiser registrar)
_____
_____
_____
_____

15 JANEIRO

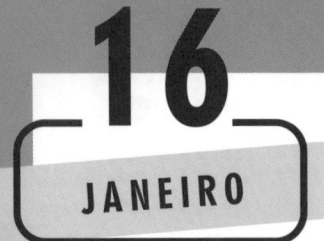

POR QUE O HÍFEN EM *SEGUNDA-FEIRA*

O emprego do hífen nos nomes compostos dos dias da semana, os chamados dias úteis, de segunda a sexta, parece ser o caso mais emblemático de emprego do hífen. Segundo a regra, emprega-se hífen nas palavras compostas sempre que se quer marcar alteração no significado original de uma das palavras ou na formação do composto. É o caso, pois segunda-feira não é dia de descanso, portanto de feira, mas o primeiro dia após o descanso do domingo. O mesmo vale para a terça, quarta, e assim por diante. Em outras palavras, se não usássemos o hífen nesses dias da semana, não haveria dia de trabalho. Portanto, o hífen nos livrou da vagabundagem nacional...

ANIMAL PURO-SANGUE

Mais um exemplo que empodera o hífen. O que seria um animal puro sangue, sem hífen? Teria apenas sangue, nada de pele, ossos, vísceras, etc.? Ou seria alusão ao fato de todo o sangue dele ser puro? Nem uma coisa nem outra. O que se quer afirmar mesmo é algo completamente diferente: trata-se de animal de raça pura, sem cruzamento com outra. Portanto, o hífen é vital para a preservação do significado que se quer produzir.

Espaço para suas experiências (o que você quiser registrar)

_____
_____
_____
_____
_____

17 JANEIRO

LAVA-JATO / LAVA A JATO

Lava a jato é a grafia correta para designar o equipamento muito em voga para lavar paredes, assoalhos, pedras, máquinas muito sujas, empoeiradas, com limo, etc. O equipamento se caracteriza por expelir jatos de água fortes, capazes de remover qualquer sujeira. Por semelhança, os idealizadores dessa famosa operação lhe deram esse nome, mas não inseriram a preposição *a*. Por essa razão, deve-se aplicar a regra que manda usar hífen em todos os compostos que tenham forma verbal como primeiro elemento, no caso *lava*, do verbo *lavar*. Portanto, Operação Lava-Jato. Outros exemplos em que se aplica essa regra: guarda-chuva, bate-boca, quebra-queixo, tranca-rua, arranha-céu.

O VERDADEIRO SENTIDO DO DESPEJO

É comum lermos que alguém foi despejado do imóvel. Ora, *despejar* significa *desocupar*, o contrário de *pejar* (encher); portanto, o desocupado é o imóvel, e não o inquilino. Em outras palavras, as ações de despejo são contra o inquilino, mas o objeto de desocupação é o imóvel. O que se faria para desocupar, despejar, desencher o pobre do inquilino? Teria que enviá-lo para o Instituto Médico-Legal? No entanto, lamentavelmente o equívoco parece estar consagrado, até mesmo no meio jurídico.

Espaço para suas experiências (o que você quiser registrar)

_____
_____
_____
_____

18 JANEIRO

BAIRRO CENTRO?

Expressão em largo uso, mas que precisa ser reparada por constituir paradoxo: se é centro, não pode ser bairro, pois a denominação *bairro* surgiu justamente para se opor a *centro*. Não confundir essa denominação equivocada com *Centro Histórico*, referência à área de maior efervescência social, cultural e econômica em tempos idos, mas que já não é mais. Também não confundir com a expressão *bairros centrais*, corretamente usada para diferenciar dos bairros mais distantes.

INCONTESTE / INCONTESTÁVEL

É cada vez mais frequente o uso de *inconteste* em substituição a *incontestável*. *Inconteste* é referência a algo que é discordante, contraditório, enquanto *incontestável* é sinônimo de *irrefutável*, que não pode ser contestado. Apesar dessa clareza de diferença no significado das duas palavras, muitas vezes encontramos a expressão *prova inconteste* empregada com o sentido de *prova incontestável*.

Espaço para suas experiências (o que você quiser registrar)

PESSOA HUMANA

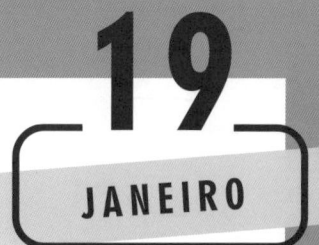

É certo que não há pessoa que não seja humana, ou seja, que não pertença ao gênero humano. Assim, para se referir ao ser humano basta dizer *pessoa*. Portanto, há redundância na expressão *pessoa humana*. No Direito, no entanto, o uso da expressão é oficialmente reconhecido pela legislação, a começar pelo inciso III do artigo 1.º da Constituição Federal de 1988, ao caracterizar a "dignidade da pessoa humana". Ocorre que o legislador levou em conta a existência do conceito de pessoa jurídica para diferenciá-la da pessoa física.

POSSUIR SÓ QUANDO ENVOLVE *POSSE*

O verbo *possuir* tem *poss-* como raiz, a mesma de *posse, possessão, posseiro, possessivo*, entre outras palavras. Portanto, é com esse sentido que se deve usá-lo. Caso contrário, deve-se lançar mão de *ter, contar com, deter, oferecer,* entre outras formas. Por isso, corrijam-se formas de extenso uso, como: Ele *possui* (troque-se por *tem*) ótimos filhos; a empresa *possui* (troque-se por *conta com*) ótimos profissionais; a instituição *possui* (troque-se por *oferece*) cursos de pós-graduação. Pior ainda uma forma que encontrei num texto jurídico: O acusado *possui* (troque-se por *é pai de* ou por *tem*) duas filhas.

Espaço para suas experiências (o que você quiser registrar)

_____
_____
_____
_____
_____
_____

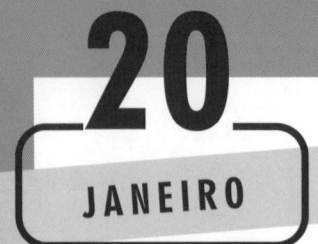

O VERDADEIRO SENTIDO DE *REPERCUTIR*

É comum ouvirmos e lermos frases como: "Vamos repercutir os fatos". O verbo está sendo usado com o sentido de quem vai realizar uma ação, causar algo, significados que *repercutir* e seus derivados, como *repercussão*, não carregam. A intenção de quem usa essas palavras é realizar análise, exame, debate, discussão. Portanto, deveriam utilizar verbos como *analisar, examinar, debater, discutir*. Não se pode esquecer que os significados de *repercutir* são *refletir, ecoar, fazer sentir, reproduzir, causar efeito* ou *impacto*.

A PRIORI / A POSTERIORI

As expressões *a priori* e *a posteriori* vêm sendo muito usadas de forma equivocada, como se tivessem os simples sentidos de *antes* e de *depois*, respectivamente, quando não são esses seus reais significados. Em *a posteriori*, subentende-se uma experiência com o apoio da qual se realiza algo depois, o que ocorre, por exemplo, quando se diz que o magistrado decidiu *a posteriori*, após a análise dos fatos. Em *a priori*, as coisas se invertem: no exemplo do magistrado, quando se diz que ele decidiu *a priori*, é porque o fez sem o exame dos fatos, ou por ser incontestável ou porque se trata de decisão provisória.

Espaço para suas experiências (o que você quiser registrar)

_____
_____
_____
_____
_____

21 JANEIRO

DAÇÃO / DOAÇÃO

São coisas diferentes. Na *dação*, dá-se alguma coisa em troca de outra, enquanto na *doação* não há contrapartida. É comum o Poder Público fazer a *dação* de um terreno ou prédio, por exemplo, em troca de outro bem. De outra parte, quando dá (doação) algo, nada cobra em troca.

QUARENTENA DE 14 DIAS?

Assim como *novena* deriva de *nove* e *dezena* de *dez*, *quarentena* se origina de *quarenta*. Assim, *quarentena* se refere a um período de quarenta dias, originalmente o tempo em que, em passado distante, viajantes procedentes de lugares onde havia doenças contagiosas ou epidemias ficavam isolados ou proibidos de frequentar lugares públicos por quarenta dias, para evitar o contágio. Por que 40 dias, e não 30 ou 50? Curioso, mas é provável que seja por várias coincidências: o tempo da Quaresma, que se refere ao período de 40 dias de jejum e penitência; o tempo que Jesus passou no deserto antes de ser tentado pelo demônio; o tempo do pós-parto, em que as mães recebiam cuidados especiais.

Espaço para suas experiências (o que você quiser registrar)

_____
_____
_____
_____
_____
_____
_____

A PRINCÍPIO / EM PRINCÍPIO

A maioria usa as duas expressões como se fossem sinônimas, quando, na verdade, têm sentidos diferentes. Enquanto *em princípio* tem o sentido de *em tese* – situação em que esta última substitui a primeira com vantagem –, *a princípio* significa *para iniciar, para principiar*.

EM NÍVEL DE / A NÍVEL DE

A preposição *em* indica algo estático, fixo, sem movimento: Estou em algum lugar, em alguma situação; contrariamente, a preposição *a* é usada para indicar movimento: Vou a algum lugar. Portanto, como em regra a expressão é usada em situações estáticas, a forma correta é sempre *em nível de*. Exemplo: *Em nível de Brasil*, ainda há muito por fazer. Para melhor compreensão, esclareça-se que a forma *em nível de* corresponde a *no* ou *na*, resultantes da soma da preposição *em* com os artigos *o* e *a*, respectivamente. Aliás, por serem mais concisas, as formas *no/na* substituem a expressão com vantagem; não faz sentido dizer *em nível de Brasil* se posso simplificar para *no Brasil*.

Espaço para suas experiências (o que você quiser registrar)

_____
_____
_____
_____
_____
_____

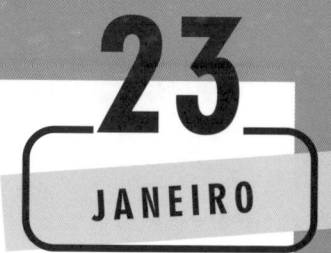

EMINENTE / IMINENTE

Duas palavras de frequente uso, muitas vezes equivocado, devido à semelhança de grafia. O erro se torna grave na medida em que distorce por completo o significado. *Eminente* é usado para elevar, distinguir, como em *Eminente Senhor Deputado*, enquanto *iminente* faz referência a algo que está por chegar, como em *o final do ano é iminente*.

EMIGRAR / IMIGRAR

No processo de migração, ocorrem os dois movimentos: em relação ao lugar de onde sai o migrante, ele é *emigrante*, enquanto em relação ao lugar de chegada, ele passa a ser *imigrante*. No caso, o *e* e o *i* funcionam como verdadeiros prefixos, em que o *e* indica movimento de saída, de dentro para fora ou de perto para longe, e o *i* indica chegada, de fora para dentro ou de longe para perto. Isso se aplica também ao exemplo anterior, de *eminente/iminente*.

Espaço para suas experiências (o que você quiser registrar)

___
___
___
___
___
___
___

POR QUE *FAKE NEWS*?

A preferência por palavras e expressões estrangeiras é uma questão cultural bem brasileira. O caso em destaque é um dos mais recentes. Quando não há no léxico de nossa língua palavra que expresse com precisão o significado da estrangeira, abram-se as portas para seu ingresso, como é o caso de *bullying*. Quando, no entanto, temos à disposição uma de significado correspondente, é grave ofensa ao orgulho nacional optar pela estrangeira. É o caso de *fake news*; por isso, opte-se por *notícia falsa*, que significa o mesmo.

"SALVO MELHOR JUÍZO"

Trata-se de consagrada expressão usada no encerramento de muitos pareceres externados por especialistas das mais variadas áreas técnicas, científicas e administrativas. Pensando um pouco, é melhor não usá-la, pois, ao admitir que outro possa fazer melhor juízo, se está demonstrando fraqueza, falta de convicção, o que, é certo, não é do interesse de quem solicita o parecer. A expressão tem origem no excesso de modéstia, a falsa modéstia. Recomendo encerrar assim: *É meu parecer.*

Espaço para suas experiências (o que você quiser registrar)
___
___
___
___
___
___

25 JANEIRO

RSVP

A maioria das pessoas, mesmo entre as cultas, não sabe a origem desta sigla. São as iniciais da frase francesa "Repondez s'il vous plaît" (Responda, por favor). Por mais consagrada que seja e ainda que pareça requintada no conceito de muitos, essa forma está sendo abandonada por representar uma afronta à cultura nacional. Por mais que se goste da língua francesa, nosso idioma é o português. Sugestão: *Favor confirmar presença.* Quem sabe no futuro se consagre a sigla *FCP*.

ANDAR A PASSOS LARGOS

Para quem pensa que o português sofre influência apenas do inglês e outrora do francês, aí está um exemplo de espanholismo: o espanhol usa *largo* no sentido do nosso *longo*, e usa *ancho* no sentido do nosso *largo*; assim, o certo seria dizer que se anda a passos longos. Pode ter ocorrido ato falho, pois as obras públicas brasileiras parece andarem para os lados, e não para frente...

Espaço para suas experiências (o que você quiser registrar)

_____
_____
_____
_____
_____
_____
_____
_____

26 JANEIRO

ENTUBAR / INTUBAR

A dúvida surgiu durante a pandemia da Covid-19, quando estas palavras, até então de raro uso entre a população em geral, passaram ao dia a dia do vocabulário da língua portuguesa, acompanhadas de dúvida sobre a sua correta grafia e levando ao uso sem critério. *Entubar* e *intubar* existem, mas com sentidos diferentes. *Entubar*, daí *entubação* e *entubado*, é dar feição ou forma de tubo, enquanto *intubar*, daí *intubação* e *intubado*, significa colocar tubo. Portanto, os pacientes são *intubados*, e não *entubados*.

CORTAR CAMINHO

Trata-se de curiosa expressão popular utilizada com o sentido de atalhar, encurtar, abreviar. Onde será que a inteligência humana chegou a essa expressão, afastando-se de palavras únicas como as citadas? Certamente é resultado de uma simples reflexão que envolve a relação causa-consequência: tudo o que se corta fica menor, mais curto.

Espaço para suas experiências (o que você quiser registrar)

_____
_____
_____
_____
_____
_____
_____

27 JANEIRO

PARA MAIORES INFORMAÇÕES, ...

Expressão consagrada, apesar do evidente equívoco. É muito utilizada na divulgação de eventos e na linguagem publicitária em geral. Em regra, as informações mais importantes, as maiores, estão no corpo do texto, podendo faltar algumas secundárias, que são as visadas pela expressão. Portanto, *maiores* tem seu sentido modificado. Há diversas formas de correção: mais informações, mais detalhes; outras informações; informações complementares. Ou será que no subconsciente está a intenção de atrair o leitor para algo importante que ainda não foi revelado?

FALÊNCIA MÚLTIPLA DE ÓRGÃOS

Volta e meia ouvimos e lemos esta informação, como se um mesmo órgão do corpo humano pudesse ser vítima de muitas falências, pudesse morrer, ressuscitar e morrer de novo, infinitas vezes. Claro que a intenção do informante é se referir à falência de múltiplos órgãos, ou seja, de mais de um órgão. Como se conclui mais uma vez, a ordem dos fatores pode alterar, até mesmo profundamente, o produto, isto é, o significado.

Espaço para suas experiências (o que você quiser registrar)
_____
_____
_____
_____
_____

28 JANEIRO

A / HÁ

É sem *h* quando faz referência ao futuro: Daqui a dois anos; também é sem *h* quando indica distância: estávamos a dois metros da barreira; claro que é sem *h* quando cumpre as funções de artigo, preposição e pronome. Escreve-se com *h* nas seguintes situações: a) quando indica tempo passado: Isso ocorreu há dois anos; b) quando se trata do verbo *haver* com o sentido de existir ou ocorrer: Há muitos problemas na cidade; c) quando é o verbo auxiliar *haver*: Há de vencer todas as dificuldades.

ACERCA DE / A CERCA DE / HÁ CERCA DE

São três expressões de diferentes significados, mas de pronúncia igual e de grafia semelhante: *acerca de* tem o sentido de a respeito de, sobre: O Prefeito decidirá acerca do assunto; *a cerca de* indica distância, seja de tempo, seja de espaço: Estamos a cerca de 10km da vila / a 2h do início da partida; *há cerca de* tem os sentidos de tempo passado aproximado: Isso ocorreu há cerca de 10 meses; e de existir aproximadamente: Há cerca de 150 pessoas nessa situação.

Espaço para suas experiências (o que você quiser registrar)

_____
_____
_____
_____
_____
_____

29 JANEIRO

OUTRA ALTERNATIVA

O primeiro elemento da palavra *alternativa* é *alter-*, do latim *alter,* e tem o sentido de *outro*. Portanto, há redundância na expressão *outra alternativa*, bastando dizer *alternativa*. No entanto, diante da vontade de alguém se referir a mais alternativas, além da já mencionada, são corretas expressões como *nova alternativa, outra alternativa, primeira alternativa, segunda alternativa*, etc.

AFIM / A FIM

A primeira tem o sentido de afinidade, sendo mais usada no plural: objetivos afins, ciências afins, isto é, que têm afinidade. Em sentido semelhante usa-se no Direito a expressão *afins em linha reta*, ou seja, parentes por afinidade. De outra parte, *a fim (de)* tem o sentido de *para*: Procede-se dessa forma a fim de fazer justiça. Na linguagem popular também se usa *a fim* com o sentido de *ter vontade*: Não estou a fim (disposto); estar a fim de (querer) alguém.

Espaço para suas experiências (o que você quiser registrar)

_____
_____
_____
_____
_____
_____
_____
_____

30 JANEIRO

À MEDIDA QUE / NA MEDIDA EM QUE

A primeira expressão indica tempo proporcional, concomitância, tendo os sentidos de conforme, enquanto, quando, ao passo que: À medida que o homem evolui, os procedimentos se modificam. *Na medida em que* significa pelo fato de que, uma vez que: Na medida em que as negociações avançam, o acordo se aproxima. Não existem as formas *à medida em que* e *na medida que*. Trocando a palavra *medida* por *proporção*, vale a mesma orientação.

AO INVÉS DE / EM VEZ DE

A primeira só pode ser usada para se referir a algo de sentido oposto: Ao invés de atuar na defesa, o zagueiro se aventurava no ataque. Para introduzir algo de significado apenas diferente, e não oposto, usa-se *em vez de*: Em vez de trabalhar, ela estuda. Note-se que há restrição apenas ao uso de *ao invés de*, que não pode ser usado em situações em que ocorre diferença e não oposição.

Espaço para suas experiências (o que você quiser registrar)

_____
_____
_____
_____
_____
_____
_____
_____

ONDE / AONDE

A segunda implica movimento, enquanto *onde* se refere a algo estático. Na dúvida entre uma e outra, sugere-se a aplicação do truque que consiste na troca por *para onde*; se der certo, será *aonde*; caso contrário, se usará *onde*: Onde estás? (para onde estás? – não deu certo). Aonde vais? (para onde vais? – deu certo. Especial atenção deve ser dada a frases como esta: Cheguei onde (aonde) sempre quis chegar. Houve movimento, mas já não há mais; portanto, o correto na frase é *onde*. Aliás, usando o truque, não resta mais dúvida: Cheguei para onde sempre quis chegar. Não deu certo; então é *onde*.

ONDE / QUANDO

É cada vez mais frequente o uso de *onde* no lugar de *quando*. Exemplo: Estamos na primavera, onde os jardins ficam floridos. Ocorre que primavera é um período de tempo, enquanto *onde* faz referência a lugar; para o tempo, existe, por exemplo, *quando*; então é preciso corrigir: Estamos na primavera, quando os jardins ficam floridos. Equívoco semelhante é o que envolve o uso de *que* em vez de *como:* O modo *que* ele fez, em vez do correto modo *como* ele fez.

Espaço para suas experiências (o que você quiser registrar)

_____
_____
_____
_____
_____
_____

31 JANEIRO

ANOTAÇÕES DE JANEIRO E/OU FEVEREIRO

FEVEREIRO

Aparte / À parte 1
A pedido / Apedido 1
Colocar / Fazer colocações 2
Concerto / Conserto 2
Bimensal / Bimestral 3
Dar a luz / Dar à luz 3
Desapercebido / Despercebido 4
Descriminar / Descriminalizar / Discriminar 4
Dessarte / Destarte 5
Difundido / Difuso 5
Dissimular / Simular 6
Diurno / Diário / Diuturno 6
Eis que / Vez que 7
Elidir / Ilidir 7
Embaixo / Em cima 8
Estrema / Estreme 8
Estada / Estadia 9
Expender / Despender 9
Foro / Fórum 10
Hábeas / *Habeas corpus* / Hábeas-córpus 10
Infligir / Infringir 11
Inobstante / Não obstante 11
Latente / Patente 12
Maricídio / Maricida / Marital 12
Mesmo / Ele 13
Nenhum / Nem um 13

No entretanto / Entretanto 14
Ótico / Óptico 14
Parricida / Matricida / Patricida 15
Pasmo / Pasmado..15
Quando *não é sim*, e vice-versa 16
Jamais 16
Em nome da minha mãe, da minha mulher e dos meus filhos, voto sim. 17
Mais uma obra-prima do autor..17
Tempo nublado 18
Escritor histórico 18
Eu soo muito. 19
Estavam presentes o Governador, o Presidente da Assembleia, o Reitor da Universidade, etc..19
A mentira é uma das maiores qualidades do ser humano 20
Soldado foi baleado, mas não resistiu aos ferimentos 20
A taça ainda está de posse do Presidente da Federação 21
Nasci em Porto Alegre, sendo concebido na Santa Casa.................21
Que suador!...22
Tirar a pressão, a febre..22
O goleiro atacou muito 23
O aumento dos professores é inviável 23
Comemorar a morte de um ídolo?..24
O clube tem bom plantel de atletas 24
Novo ministro abraça a crise da agricultura 25
O juiz concedeu dois minutos de desconto.......................................25
Sempre que saio sem sombrinha, chove 26
Corredor de exportação ligará Piauí ao futuro.................................26
O paciente ingere diariamente toda a medicação receitada..........27
Deputado indiciado acerta depoimento no dia 23 27
Foi operado da apendicite...28
Origem do achismo..28

1 FEVEREIRO

APARTE / À PARTE

A locução *à parte* tem os sentidos do advérbio *separadamente*: Vamos conversar à parte; e do adjetivo *separado*: conversas à parte. *Aparte* é substantivo derivado de *à parte*, tendo o sentido de manifestação separada: A autoridade avisou que não concederia apartes.

A PEDIDO / APEDIDO

A primeira tem o sentido de *por pedido*: Procedi assim a pedido das autoridades. *Apedido* é substantivo derivado de *a pedido*: O apedido foi publicado em jornal.

Espaço para suas experiências (o que você quiser registrar)

_____
_____
_____
_____
_____
_____
_____
_____
_____
_____
_____
_____
_____
_____

2 FEVEREIRO

COLOCAR / FAZER COLOCAÇÕES

Modismo que precisa ser evitado. O significado original de *colocar* e, em consequência, de seus derivados, é de pôr (em algum lugar), não sendo, portanto, adequado a muitas das situações em que a palavra vem sendo empregada. Algumas opções, dependendo do caso: expor, propor, observar, explicar, explanar, fazer observações, explanações, proposições.

CONCERTO / CONSERTO

A primeira tem os sentidos genéricos de harmonia, ajuste, acordo, conformidade, combinação, cumplicidade; no Direito é de largo uso em acepções que giram em torno desses significados: O concerto do traslado; trabalha em concerto com seu diretor; praticou os atos em concerto com seu superior. Enquanto isso, *conserto* tem o sentido de remendar, reparar: O conserto do computador.

Espaço para suas experiências (o que você quiser registrar)
_____
_____
_____
_____
_____
_____
_____
_____
_____
_____

3 FEVEREIRO

BIMENSAL / BIMESTRAL

A primeira refere-se a algo que ocorre duas vezes por mês, enquanto *bimestral* indica o que dura dois meses ou que ocorre de dois em dois meses.

DAR A LUZ / DAR À LUZ

A primeira tem o sentido de fornecer luz, esclarecimento: a fala do especialista deu a luz que faltava. Para informar que a mulher teve o filho, a expressão correta é a segunda: Maria acaba de dar à luz uma menina. O que se informa é que Maria trouxe a menina para a luz, e não que ela forneceu a luz para a menina.

Espaço para suas experiências (o que você quiser registrar)

_____
_____
_____
_____
_____
_____
_____
_____
_____
_____
_____
_____
_____
_____

4 FEVEREIRO

DESAPERCEBIDO / DESPERCEBIDO

Em *despercebido* se informa que não foi percebido: Sua presença passou despercebida. *Desapercebido* tem o sentido de desguarnecido, desprevenido: A situação o pegou desapercebido.

DESCRIMINAR / DESCRIMINALIZAR / DISCRIMINAR

Na formação do significado das palavras, é importante atentar para a presença e o significado dos prefixos: o prefixo *des-*, por exemplo, pode introduzir, entre outros, os sentidos de afastar, livrar, deixar de considerar: *Descriminar* significa livrar do crime, inocentar, enquanto *descriminalizar* tem o sentido de deixar de considerar crime. O prefixo *dis-* introduz, entre outros, os sentidos de separar, distinguir, detalhar: discriminar as contas, discriminação racial, religiosa...

Espaço para suas experiências (o que você quiser registrar)

_____
_____
_____
_____
_____
_____
_____
_____
_____
_____
_____
_____

5 FEVEREIRO

DESSARTE / DESTARTE

Em que pese o uso estar consagrando *destarte* e os dicionários admitirem as duas formas, inclusive o *VOLP – Vocabulário Ortográfico da Língua Portuguesa*, em função do significado, que remete a algo já mencionado, *dessarte* é a forma que está em consonância com a norma gramatical, tanto é verdade que, quando substituída por expressão de sentido igual (dessa maneira, dessa forma), usa-se com SS (dessarte), e não com ST (destarte). A consagração do erro chegou ao ponto de o meu Word sublinhar com traço vermelho a forma correta, como se ela não existisse.

DIFUNDIDO / DIFUSO

O primeiro é o particípio do verbo *difundir*, tendo o sentido de divulgado. *Difuso* não é alternativa para *difundido*, podendo ser usado apenas na função de adjetivo, como na expressão *direitos difusos*, em que tem o sentido de disseminados, fundamentais ou coletivos.

Espaço para suas experiências (o que você quiser registrar)

_____
_____
_____
_____
_____
_____
_____

6 FEVEREIRO

DISSIMULAR / SIMULAR

Quando se quer dar o sentido de ocultar ou disfarçar a verdade, mediante a utilização de astúcia, o verbo a ser usado é *dissimular*; em outras palavras, dissimula aquele que sabe a verdade, mas a encobre. De outra parte, quem simula, finge ser verdadeiro aquilo que ele sabe ser falso.

DIURNO / DIÁRIO / DIUTURNO

A primeira tem sentidos variados, dependendo do assunto a que se refere; pode referir-se às 24 horas do dia, ou ao período do dia em que se conta com a presença do sol; no Direito do Trabalho, usa-se *diurno* em oposição a *noturno*. Enquanto isso, o adjetivo *diário* se refere ao dia, a todos os dias ou àquilo que é feito num dia. *Diuturno* tem o sentido de duradouro, constante, como na expressão *trabalho diuturno*.

Espaço para suas experiências (o que você quiser registrar)

_____
_____
_____
_____
_____
_____
_____
_____
_____
_____
_____
_____

7 FEVEREIRO

EIS QUE / VEZ QUE

Apesar de seu uso estar em vias de consagração, estas expressões não devem ser usadas com o sentido de porque, visto que, já que. Na verdade, *vez que* ou *de vez que*, ou ainda *uma vez que* são expressões a serem evitadas; *eis que* é usado para introduzir algo imprevisto: Estava tudo definido, eis que surgiram novos fatos.

ELIDIR / ILIDIR

Com os sentidos de afastar, eliminar, anular e outros semelhantes, usa-se *elidir*: Mediante o pagamento da dívida, o devedor elide a falência. *Ilidir* tem o sentido de contestar, refutar: O advogado ilidiu todos os argumentos da acusação.

Espaço para suas experiências (o que você quiser registrar)

_____
_____
_____
_____
_____
_____
_____
_____
_____
_____

8 FEVEREIRO

EMBAIXO / EM CIMA

Pode parecer paradoxal que a primeira seja grafada numa só palavra e na segunda as partes sejam separadas. No entanto, não há paradoxo quando se leva em conta o princípio da língua portuguesa que estabelece a grafia de acordo com a pronúncia. Em *embaixo*, a pronúncia é contínua, enquanto na expressão *em cima* ela é feita em duas palavras. É sutil, mas perceptível a ouvidos apurados.

ESTREMA / ESTREME

O verbo *estremar* (não confundir com *extremar*) tem o sentido de delimitar, demarcar, por meio de *estremas*, ou seja, marcos divisórios de áreas rurais. O substantivo *estrema* originou o adjetivo *estreme*, que tem os sentidos de isento, puro, genuíno.

Espaço para suas experiências (o que você quiser registrar)
___
___
___
___
___
___
___
___
___
___

9 FEVEREIRO

ESTADA / ESTADIA

Apesar de reinar de forma quase absoluta a opção pelo uso de *estadia*, em regra essa forma é equivocada. Na verdade, *estadia* é palavra a ser usada com o sentido de permanência de um veículo de transporte em determinado ponto para carga e descarga; originariamente referia-se apenas ao tempo de permanência do navio no porto, passando depois a se estender a qualquer veículo de transporte. Com o sentido de permanência transitória de alguém numa cidade, num hotel ou numa repartição, a palavra correta é *estada*.

EXPENDER / DESPENDER

Despender tem a mesma raiz de *despesa*, significando fazer despesa, gastar; já para o sentido de expor em detalhes, em minúcias, a palavra a ser usada é *expender*.

Espaço para suas experiências (o que você quiser registrar)

_____
_____
_____
_____
_____
_____
_____
_____
_____
_____

10 FEVEREIRO

FORO / FÓRUM

Para nomear a sede do Judiciário, as duas formas são aceitas, com predominância da segunda, que, apesar de latina, está formalmente registrada como palavra da língua portuguesa. Nos demais usos, abrangendo todas as áreas, sejam do Judiciário, das Igrejas, das entidades, da consciência (foro íntimo) ou de qualquer outra acepção, a palavra adequada é *foro* (de pronúncia fechada no singular e aberta no plural).

HÁBEAS / *HABEAS CORPUS* / HÁBEAS-CÓRPUS

Sem hífen e sem os acentos, é a forma original latina (em latim não se usa acento nem hífen), devendo ser grafada entre aspas ou, melhor ainda, em itálico; com hífen e com os acentos, é a forma aportuguesada; *hábeas* é a forma reduzida consagrada na língua portuguesa, com registro no vocabulário oficial. Portanto, as três formas estão corretas, desde que usadas criteriosa e coerentemente, sem misturar os dois idiomas.

Espaço para suas experiências (o que você quiser registrar)

11 FEVEREIRO

INFLIGIR / INFRINGIR

O verbo *infringir* significa cometer infração, transgredir norma; aliás, *infringir, infração* e *infrator* tem a mesma raiz (*infr-*), guardando, em consequência, relação de significado. *Infligir*, por sua vez, refere-se ao que se deveria fazer sempre que alguém infringe norma: infligir pena, castigo; assim como a ação de infringir é a infração, a de infligir é inflição. Aproveito para lembrar que não existem as formas *infrigir* e *inflingir* e suas hipotéticas correlatas.

INOBSTANTE / NÃO OBSTANTE

A forma originalmente correta – e por isso a mais recomendável – é *não obstante*, no entanto não se pode deixar de dar legitimidade também a *inobstante*, porque seu uso está consagrado no meio culto, e, não se esqueça, os idiomas se constroem também pelo uso.

Espaço para suas experiências (o que você quiser registrar)

___
___
___
___
___
___
___
___
___
___

12 FEVEREIRO

LATENTE / PATENTE

As duas palavras têm sentido oposto; enquanto *latente* significa oculto, secreto, desconhecido, *patente* tem o sentido de claro, evidente. Exemplos: as causas do procedimento são latentes (desconhecidas); as intenções do réu são patentes (evidentes).

MARICÍDIO / MARICIDA / MARITAL

A primeira refere-se ao homicídio do marido cometido pela própria mulher, que, por isso, é denominada *maricida*, enquanto *marital* nada tem a ver com o crime, sendo apenas relativo a *marido*, como em *relação marital*.

Espaço para suas experiências (o que você quiser registrar)

_____
_____
_____
_____
_____
_____
_____
_____
_____
_____
_____
_____
_____

13 FEVEREIRO

MESMO / ELE

Há muito vem se usando, em todos os níveis culturais, *mesmo* como pronome pessoal, função que ele está impedido de exercer; em outras palavras, *mesmo(s)* e *mesma(s)* não podem ser usados em substituição a *ele(s), ela(s)*, como neste exemplo: Você está recebendo seu documento; verifique se os dados pessoais contidos no mesmo estão corretos. Para corrigir o final da frase, deve-se trocar *no mesmo* por *nele*, mais simples e correto.

NENHUM / NEM UM

A primeira é pronome indefinido, com sentido oposto ao de *algum*: Nenhuma causa o anima, enquanto *nem um* sempre cumpre a função de dar ênfase: nem um nem outro.

Espaço para suas experiências (o que você quiser registrar)

_____
_____
_____
_____
_____
_____
_____
_____
_____
_____
_____
_____

14 FEVEREIRO

NO ENTRETANTO / ENTRETANTO

Como sinônimo das conjunções coordenativas adversativas *mas, porém, no entanto, contudo, todavia*, a forma a escolher entre as duas é *entretanto*; *no entretanto* é locução adverbial usada na linguagem jurídica com o sentido de nesse intervalo: No entretanto, o réu soube da traição.

ÓTICO / ÓPTICO

Seguindo-se a formação etimológica, *ótico* (do grego *otikós*) diz respeito ao ouvido, enquanto *óptico* (do grego *optikós*) se refere ao olho. Devido à dificuldade que têm os falantes da língua portuguesa, especialmente os brasileiros, de pronunciar sequências de consoantes, *óptico* passou a ser pronunciado *ótico*, resultando na unificação de pronúncia, o que com o tempo passou a ser admitido também na grafia, resultando em frequentes confusões na comunicação. Assim, em linguagem técnica e científica recomenda-se distinguir as duas grafias: *ótico* quando se refere ao ouvido, à audição, e *óptico* quando usado em alusão ao olho, à visão. Comparando: Ouve-se com frequência *adevogado* em vez de *advogado*; a explicação para essa pronúncia equivocada é a mesma; a diferença é que o erro, felizmente, não se consagrou, pelo menos no meio culto.

Espaço para suas experiências (o que você quiser registrar)

___
___
___
___
___

15 FEVEREIRO

PARRICIDA / MATRICIDA / PATRICIDA

Quando alguém comete parricídio, ou seja, mata o próprio pai, é chamado de *parricida*; quando o faz com a mãe, é *matricida*; no Direito Romano, havia apenas uma forma para os dois casos: *parricida*, pois a palavra deriva do latim *parens* (parentes: pai e mãe). *Patricida* é o nome dado àquele que trai a pátria.

PASMO / PASMADO

São formas alternativas para o particípio passado do verbo *pasmar*. A forma tradicional é *pasmado*: Ficaram todos pasmados com a notícia do crime. No entanto, aos poucos foi surgindo a forma contraída *pasmo*, que acabou vencendo todas as objeções e se impôs como alternativa: Ficaram todos pasmos (pasmados) com a notícia do crime.

Espaço para suas experiências (o que você quiser registrar)

___
___
___
___
___
___
___
___
___
___

16 FEVEREIRO

QUANDO *NÃO* É *SIM*, E VICE-VERSA

Segue diálogo ocorrido entre professor e aluno:

– *Posso perguntar, professor?*
– *Pois não?*

Como se observa, a clássica negação *não* assumiu o sentido de *sim*.

Na sequência do diálogo, o *sim* assumiu o significado de *não*:

– *Posso colar, professor?*
– *Pois sim...*

Como se pode observar, a riqueza do significado está menos nas palavras do que nas relações que se estabelecem entre elas.

JAMAIS

Esta é a mais absoluta das negações. É muito mais veemente do que o tradicional *não*. Se alguém lhe disser *jamais*, pode desistir para sempre, pois, além de negar, está dizendo que nega para sempre. O mais interessante, no entanto, está na formação da palavra: é a soma de duas afirmações positivas – *já* (agora) e *mais* – que resulta em negação definitiva. Será mais uma particularidade do português? Não, o francês e o espanhol fazem o mesmo: *jamais / jamás*.

Espaço para suas experiências (o que você quiser registrar)
_____
_____
_____
_____

17 FEVEREIRO

EM NOME DA MINHA MÃE, DA MINHA MULHER E DOS MEUS FILHOS, VOTO SIM.

Foi mais ou menos nesses termos o voto de muitos deputados federais nos processos de *impeachment* havidos no Brasil. Vêm daí perguntas como: Tinham eles procuração? A legislação permitia voto por procuração? A mãe, a mulher e os filhos tinham direito a voto? A resposta a essas perguntas é *não*. Então, ocorreu a adulteração por completo do significado da expressão *em nome de*.

MAIS UMA OBRA-PRIMA DO AUTOR

A palavra *prima* no contexto do composto *obra-prima* tem o sentido de principal, maior, a mais importante. Chamar de *prima* mais de uma obra do mesmo autor retira todo o vigor do significado da palavra. A obra-prima sobrepõe-se a qualquer outra dele. O melhor mesmo é aguardar o desaparecimento do autor, porque enquanto estiver vivo ele poderá produzir outra melhor ainda. Ou então prefira-se informar que é sua obra-prima até aquele momento.

Espaço para suas experiências (o que você quiser registrar)

_____
_____
_____
_____
_____
_____

18 FEVEREIRO

TEMPO NUBLADO

É cada vez mais usada essa informação. Mas o tempo não tem manchas, não tem cor, nada que seja palpável, visível ou audível. O céu, sim, pode estar nublado. Por isso, para o bem da clareza, diga-se que o céu está nublado.

ESCRITOR HISTÓRICO

Foi como um amante das letras se referiu a determinado autor de livros de História. Não quis ele afirmar que se tratava de um escritor que passaria para a história nem que já se destacava como tal. A intenção era informar que esse autor tinha na História sua especialidade. Então, deveria ter dito: É historiador; ou: É autor de livros de História. Diferente é o romancista, novelista ou contista que escreve narrativas baseadas em fatos históricos.

Espaço para suas experiências (o que você quiser registrar)

_____
_____
_____
_____
_____
_____
_____
_____

19 FEVEREIRO

EU SOO MUITO.

A não ser que carregue, amarrada nas cadeiras, uma sineta que soe, graças ao seu decantado balançar, a elegante e sinuosa comentarista, apesar de "suar a camiseta", se enganou de verbo, trocando *suar* por *soar*. Deve suar ainda mais e soar menos, dizendo: Eu suo muito.

ESTAVAM PRESENTES O GOVERNADOR, O PRESIDENTE DA ASSEMBLEIA, O REITOR DA UNIVERSIDADE, ETC.

É comum esse tipo de inconveniente nas comunicações em solenidades. Se a intenção for diminuir a importância das autoridades, o objetivo foi alcançado, pois *etc.* só deve ser usado para referir coisas, objetos, mas jamais pessoas, muito menos quando são autoridades. E *restantes,* ou *restos*? Piorou, é claro. Então, que solução temos? Estavam presentes o Governador, o Presidente da Assembleia, o Reitor da Universidade e outras autoridades.

Espaço para suas experiências (o que você quiser registrar)

_____
_____
_____
_____
_____
_____
_____
_____

20 FEVEREIRO

A MENTIRA É UMA DAS MAIORES QUALIDADES DO SER HUMANO.

A frase foi de conhecido técnico de futebol ao tentar defender-se de acusação de jogador do time que acabara de enfrentar. Não é admissível que alguém de boa índole considere a mentira uma qualidade; irritação fora de controle é a única explicação plausível. Mais calmo, de certo diria: A mentira é um dos maiores defeitos do ser humano.

SOLDADO FOI BALEADO, MAS NÃO RESISTIU AOS FERIMENTOS.

Erro cada vez mais comum ultimamente é o que envolve o uso inadequado das classes gramaticais que têm função de conexão: as preposições e as conjunções. A conjunção *mas,* que tem função de introdução de ideia de adversidade – por isso chama-se adversativa –, neste exemplo não está cumprindo essa função, simplesmente porque não há intenção de introduzir o sentido de adversidade, mas de adição. Então, é preciso corrigir: Soldado foi baleado e não resistiu aos ferimentos.

Espaço para suas experiências (o que você quiser registrar)

_____
_____
_____
_____
_____
_____
_____

21 FEVEREIRO

A TAÇA AINDA ESTÁ DE POSSE DO PRESIDENTE DA FEDERAÇÃO.

A confusão é total nesta frase. Seu autor quis informar que a taça estava em poder do Presidente, mas acabou comunicando o contrário, como se fosse possível o Presidente estar em poder da taça. O objeto passou de possuído para possuidor, ao contrário do Presidente. Por isso, é preciso corrigir: A taça ainda está em poder do Presidente da Federação.

NASCI EM PORTO ALEGRE, SENDO CONCEBIDO NA SANTA CASA.

Consta que ninguém acreditou no currículo desse candidato a cargo público. Nascer em hospital é o que normalmente ocorre nos tempos modernos, mas vamos convir que não é lugar dos mais recomendados para ser concebido...

Espaço para suas experiências (o que você quiser registrar)

_____
_____
_____
_____
_____
_____
_____
_____
_____

22 FEVEREIRO

QUE SUADOR!

Foi a expressão utilizada por um atleta olímpico após dura prova. O certo é que foi um grande *suadouro*. Quem sua é um *suador;* o efeito é um *suadouro*. Para que não se consagre definitivamente esse erro, é oportuno comparar com outras palavras:

Matadouro: lugar onde se matam os animais; **matador:** quem os mata.

Bebedouro: lugar onde se bebe (água, de preferência...); **bebedor:** quem bebe.

Como o leitor deve ter observado, o sufixo *douro* indica o lugar onde se dá a ação, enquanto *dor* indica o agente da ação.

TIRAR A PRESSÃO, A FEBRE...

Se lhe tirarem a pressão ou a febre, o paciente morrerá, pois ninguém vive sem elas. Excessos de pressão e de febre, sim, precisam ser controlados, o que se faz com diuréticos, antitérmicos e outros medicamentos receitados pelos médicos. O que os aparelhos fazem é verificar ou medir a pressão, a febre. Tirar, nunca!

Espaço para suas experiências (o que você quiser registrar)

_____
_____
_____
_____
_____
_____

23 FEVEREIRO

O GOLEIRO ATACOU MUITO.

Por mais versátil e moderno que possa ser um goleiro, não é possível que ataque muito, sob pena de defender pouco, pois sua função prioritária é evitar o gol dos adversários. Aos *atacantes* é que cabe *atacar*. Portanto, esse emprego do verbo *atacar* não encontra defesa no bom português, devendo os cronistas preferirem: O goleiro defendeu muito.

O AUMENTO DOS PROFESSORES É INVIÁVEL.

Se a manchete quisesse referir-se ao número de professores, a frase estaria perfeita. Como, no entanto, estava se referindo ao salário, deveria ter trocado *dos* por *aos*: O aumento aos professores é inviável.

Espaço para suas experiências (o que você quiser registrar)

_____
_____
_____
_____
_____
_____
_____
_____
_____
_____

24 FEVEREIRO

COMEMORAR A MORTE DE UM ÍDOLO?

Pensando que *comemorar* tem apenas o sentido de *festejar,* o comentarista insistiu em dizer que não se pode comemorar a morte de alguém, pelo menos tratando-se de ídolo. *Comemorar* se origina de *memória* (*memorar*), significando *lembrar, trazer à memória.* Portanto, é correto dizer que se *comemora* o aniversário da morte de alguém. Não é o caso de *festejar,* que deriva de *festa.*

O CLUBE TEM BOM PLANTEL DE ATLETAS.

Coletivo designativo de núcleo de animais finos, selecionados, *plantel* é comumente utilizado na linguagem futebolística para referir o grupo de jogadores de que dispõe determinado clube. Os atletas parecem aceitar pacificamente o consagrado equívoco, talvez por serem finos e selecionados os animais com que são confundidos, ou, quem sabe, porque lhes ocorre a máxima: "Quanto mais conheço os homens, mais gosto dos animais"... Outra verdade científica, mas não aceita socialmente, é a de que os homens são animais que pensam. Por isso mesmo, *pensando* bem, deve-se trocar *plantel* por *grupo* ou *conjunto:* O clube tem bom grupo (conjunto) de atletas.

Espaço para suas experiências (o que você quiser registrar)

_____
_____
_____
_____
_____

25 FEVEREIRO

NOVO MINISTRO ABRAÇA A CRISE DA AGRICULTURA.

Como se o ministro estivesse apaixonado pela crise, e não pela agricultura, o repórter interpretou mal a paixão da autoridade. Ou será abraço de urso? Ou, quem sabe, o ministro gosta muito de crises? Acredita-se que o erro esteja mesmo na elaboração da manchete, que deve ser corrigida: Novo ministro enfrenta a crise da agricultura. Se preferir forma mais romântica, o repórter poderá optar por: Novo ministro abraça a agricultura.

O JUIZ CONCEDEU DOIS MINUTOS DE DESCONTO.

Não pense o leitor que o juiz encerrou o jogo dois minutos antes do tempo regulamentar; muito pelo contrário, foi o locutor que expressou equivocadamente o fato de o juiz ter prorrogado o jogo por mais dois minutos. Aliás, muitos profissionais das comunicações esportivas estão invertendo as coisas. Corrija-se: O juiz concedeu dois minutos de acréscimo.

Espaço para suas experiências (o que você quiser registrar)
___
___
___
___
___
___
___
___

26 FEVEREIRO

SEMPRE QUE SAIO SEM SOMBRINHA, CHOVE.

Bem-feito! Afinal, a sombrinha existe para amenizar os efeitos do sol, e não para proteger da chuva. Não é por nada que *sombrinha* deriva de *sombra,* que é o que ela faz em proveito do usuário. Na verdade, trata-se do mesmo utilitário. A diferença, consagrada pelo uso, é que se convencionou chamar de *sombrinha* o guarda-chuva usado pelas mulheres, pois tradicionalmente os homens apenas o usam para se proteger da chuva, com possíveis exceções.

CORREDOR DE EXPORTAÇÃO LIGARÁ PIAUÍ AO FUTURO.

Se fosse verdade, a notícia não seria exclusiva do jornal piauiense, mas poderia ser a principal manchete de todos os jornais do planeta, tal o exagero contido na informação. Sem diminuir a importância do corredor, a manchete deveria limitar-se ao real, deixando o imaginário para os ficcionistas e mudando seu teor: Corredor de exportação garante futuro promissor para o Piauí.

Espaço para suas experiências (o que você quiser registrar)

_____
_____
_____
_____
_____
_____
_____

27 FEVEREIRO

O PACIENTE INGERE DIARIAMENTE TODA A MEDICAÇÃO RECEITADA.

Sendo *medicação* a ação de *medicar*, não pode ela ser ingerida integralmente. Se da medicação fizer parte o uso de panos quentes, por exemplo, não significa que o paciente deva ingerir os panos e, o que é mais trágico ainda, diariamente. A intenção mesmo era afirmar que o paciente ingeria medicamentos, ou seja, remédios. Faltou apenas dizê-lo corretamente: O paciente ingere diariamente todos os medicamentos receitados.

DEPUTADO INDICIADO ACERTA DEPOIMENTO NO DIA 23.

Diferente do que dizia este título, o texto informava que o depoimento do deputado havia sido acertado para o dia 23. O acerto ocorrera no dia 11. Portanto, entre erros e acertos, faltou acertar a linguagem: Deputado indiciado acerta depoimento para o dia 23.

Espaço para suas experiências (o que você quiser registrar)

_____
_____
_____
_____
_____
_____
_____
_____
_____
_____

28 FEVEREIRO

FOI OPERADO DA APENDICITE.

Não se opera o estado em que se encontra determinado órgão do corpo humano, mas sim o próprio órgão. Assim sendo, não se opera a apendicite, mas, sim, o apêndice: Foi operado do apêndice.

ORIGEM DO ACHISMO

Esquecidos de que achar é resultado do ato de procurar, usamos essa palavra também com o sentido de ter opinião, de entender (é certo que para achá-la procuramos em nosso cérebro...). Exemplos: Acho que existe vida em outros planetas; acho que não é assim; acho que não vou; acho que você está equivocado; acho isso, acho aquilo; você não acha também? Em textos argumentativos, técnicos e administrativos, esse uso deve ser evitado, porque empobrece o argumento: se apenas acha, é porque não tem certeza, falta convicção.

Espaço para suas experiências (o que você quiser registrar)

MARÇO

Lançamento inédito 1
Flagrado no volante 1
Conviver juntos 2
Pare fora da pista 2
Enquanto / Como 3
Talvez no local se impedia a entrada de veículos 3
Nem e suas diversas funções 4
Doméstica 4
Comum acordo 5
Correr atrás do prejuízo 5
Concessão de desconto 6
Posto que 6
Posto que (2) 7
Eis que 7
São bens de consumo durável(is) 8
Essa garota vai fazer carreira rápida(o) 8
Elas estão só(s) no sacrifício 9
Haja vista(o) o entendimento nacional.. 9
A autoridade disse que poderá(ão) faltar alimentos 10
Faz(em) trinta anos / trinta graus 10
É preciso que haja(m) mudanças profundas no país 11
É para mim(eu) fazer? 11
Isto é para mim? 12
Como não se resolveu(eram) essas dúvidas, o processo foi suspenso 12
Imagine(m)-se as dificuldades 13
Sobrou(aram) duas toneladas de alimentos 13
Se fatos novos não ocorrer(em)... 14
Era uma vez... 14

A anemia é complicação importante 15
Petróleo árabe...15
Agradeço pela oportunidade do diálogo..16
O transplantado teve alta..16
Vamos recolher a palavra do governador 17
Quando as mulheres são adulteradas,... 17
A descoberta do Brasil se deu há apenas 500 anos.......................18
Prazo: 20 dias úteis...18
Ela gosta de sofisticar...19
O paciente fez um infarto do miocárdio 19
Até os seis meses a criança tem que colocar a primeira dentição ..20
Preste atenção à maneira com que os alunos reagem 20
A água amortizou sua queda..21
É uma substância cancerosa..21
Terá o deputado o dom divino da adivinhação? 22
Os grevistas serão penalizados...22
Êxito letal...23
É seu inimigo fidagal 23
Acusar X Incriminar 24
São pessoas carentes..24
O bandido foi atingido na altura do ventre..................................25
Adversário X Inimigo 25
Onde estará a Constituição? 26
As medidas são inócuas, pois prejudicam muita gente................26
Provas X Evidências..27
Nome X Graça 27
O refém foi vítima de saque...28
A Constituição não fala nisso...28
A feira foi uma bela amostragem do futuro da informática 29
Aproveitem nossas promoções! 29
O autor está lançando um novo livro...30
Vivemos num ciclo vicioso de corrupção 30
Vamos botar as coisas no lugar..31
Na prevenção da dengue, recomenda-se a distribuição
de panfletos que orientem a população.......................................31

1 MARÇO

LANÇAMENTO INÉDITO

Durante os 17 dias de recente edição da tradicional Feira do Livro de Porto Alegre, ouvi e li diversas vezes a alusão a *lançamentos inéditos* de livros em diversos boletins e materiais de divulgação. Basta o mínimo de atenção para concluir que todo lançamento é inédito, assim como toda novidade é nova. Portanto, informe-se de forma mais curta e vigorosa: lançamento. A linguagem moderna segue três características essenciais: objetividade, concisão e precisão. Esticar, exagerar, rebuscar, subjetivar são defeitos que desagradam o leitor.

FLAGRADO NO VOLANTE

Como o motorista não consegue penetrar no volante, é melhor informar que ele estava ao volante. O mesmo vale para *falar ao telefone*, e não *no telefone*.

Espaço para suas experiências (o que você quiser registrar)

_____
_____
_____
_____
_____
_____
_____
_____

2 MARÇO

CONVIVER JUNTOS

Pergunta que me fizeram dia desses – "Qual é o certo: os dois convivem juntos ou convivem junto?" A partir daí se deu este diálogo:

– Nenhuma das duas é correta, porque ambas são redundantes.
– O senhor está fugindo da pergunta.
– "Convivem junto" é pior que "convivem juntos".
– Então, qual é o certo?
– Basta dizer *convivem*; a ideia de *juntos* já está expressa no prefixo *con-*.

PARE FORA DA PISTA.

Aviso encontrado em estradas que tem a intenção de coibir que o condutor pare o veículo na pista. No entanto, um condutor atento ao verdadeiro significado da frase entenderá que se trata de ordem para parar imediatamente fora da pista. Solução: trocar por "Não pare na pista".

Espaço para suas experiências (o que você quiser registrar)

_____
_____
_____
_____
_____
_____
_____

3 MARÇO

ENQUANTO / COMO

Quanto mais culto o meio, mais vem sendo usada de forma equivocada a palavra *enquanto*. Seu verdadeiro sentido é de *pelo tempo que durar*, e não *na condição de*. Se, por exemplo, a intenção for se referir ao tempo em que ocupar a função de magistrado, a expressão estará corretamente usada, mas se for referência à condição de magistrado, é preciso optar por outra forma: *na condição de magistrado* ou *como magistrado*, entre outras.

TALVEZ NO LOCAL SE IMPEDIA A ENTRADA DE VEÍCULOS.

Erros envolvendo o uso dos tempos e modos verbais são cada vez mais frequentes. O abandono do modo subjuntivo lidera as estatísticas. É o modo da dúvida, da incerteza, da mera desconfiança, diferente do modo indicativo, que é o da afirmação, da indicação, da certeza. No exemplo, a palavra *talvez* é dessas que introduz exatamente a ideia da desconfiança, da incerteza, requerendo por isso o verbo no modo subjuntivo. Assim: Talvez no local se impedisse a entrada de veículos.

Espaço para suas experiências (o que você quiser registrar)

4 MARÇO

NEM E SUAS DIVERSAS FUNÇÕES

Na sua origem, *nem* corresponde à soma do aditivo *e* com a negação *não*, sendo essa sua função por excelência. Nesse uso, salvo em textos literários ou quando se quer dar ênfase especial, não se deve usar *e nem*, porque corresponderia ao uso repetido, redundante, de *e*. Também não se deve, em regra, cogitar de usar vírgula antes, pois ela é substituída pelo aditivo *e*. Com o tempo, a palavra também passou a ser usada com os sentidos de *ao menos, pelo menos, sequer*: "Nem um pão havia naquela casa". Neste caso não seria redundante usar *e nem*. É usada ainda como simples, mas veemente, negação, podendo significar também ameaça: "Nem pense fazer isso". Outro uso consagrado é como elemento de comparação, em substituição a *como*: parado que nem poste.

DOMÉSTICA

Há quem defenda que as pessoas dedicadas aos trabalhos realizados em residências não podem ser denominadas de domésticas, por ser palavra discriminatória. Então, por extensão, nossa autocensura nos impedirá de usar *voo doméstico, embarque doméstico, eletrodoméstico, economia doméstica*, etc.

Espaço para suas experiências (o que você quiser registrar)

_____
_____
_____
_____
_____

5 MARÇO

COMUM ACORDO

A todo momento, ouve-se e se lê esta expressão, inclusive no meio culto, apesar de ela ser sempre redundante. Ou será que existe acordo que não seja em comum? Em que não haja comunhão de vontades? Alguns exemplos: As partes chegaram a um comum acordo. Empregados e empregadores entraram em comum acordo. A direção e os servidores celebraram um comum acordo. De comum acordo, o impasse foi resolvido. É muita redundância.

CORRER ATRÁS DO PREJUÍZO

Convenhamos que é estranho alguém deixar de correr atrás do lucro, da vantagem, para fazê-lo em busca do prejuízo, do dano. No entanto, é comum ouvirmos, em especial na linguagem esportiva, que o time corre atrás do prejuízo ao levar um gol, uma cesta, ao perder uma parte da competição. Ou será que está querendo um prejuízo ainda maior, quer levar mais gol? O certo é que ninguém, de sã consciência, corre atrás do prejuízo, e sim do lucro, da vantagem.

Espaço para suas experiências (o que você quiser registrar)

_____
_____
_____
_____
_____
_____
_____

6 MARÇO

CONCESSÃO DE DESCONTO

Ainda na seara do futebol, o juiz costuma acrescentar alguns minutos após o transcurso do tempo regulamentar, com o objetivo de compensar certas interrupções no andamento do jogo. Antes mesmo de isso acontecer, afirmam que o juiz concederá descontos, como se determinasse o final da partida antes do tempo regulamentar. É, portanto, uma afirmação contraditória que faz lembrar outra de tempos atrás, hoje felizmente abolida da linguagem futebolística, que dizia o goleiro ter atacado muito, quando, na verdade, tinha feito grandes defesas.

POSTO QUE

O sentido desta expressão é de *embora*, e não de *pois, porque*, como vem sendo usada em profusão. Por certo, essa preferência se deve ao fato de o elaborador do texto entender que se trata de uma expressão de nível mais erudito do que os singelos *porque, pois, visto que, uma vez que* (melhor que *vez que*), entre outras opções. Como se pode observar, há formas para variados gostos, mas a preferência vem recaindo exatamente por forma equivocada. Exemplo desse uso: O réu foi condenado, posto que infringiu a lei. Exemplo de uso adequado: Abandonou a carreira, posto que (embora) tivesse talento.

Espaço para suas experiências (o que você quiser registrar)

_____
_____
_____
_____
_____

7 MARÇO

POSTO QUE (2)

O poeta Vinicius de Moraes, em seu famoso *Soneto da fidelidade*, certamente contribuiu para a consagração do equívoco ao usar a expressão em seu verso "Que não seja imortal, posto que chama". Em defesa de Vinicius, lembre-se que os poetas gozam do que se chama licença poética, que os libera para incorrer em pequenos desvios gramaticais e quando querem atribuir novos significados às palavras, desde que isso contribua para a sonoridade, o ritmo, a rima ou a métrica do poema. Acrescente-se que essa mesma licenciosidade se estende à música, pelas semelhanças que tem com a poesia.

EIS QUE

O uso correto desta expressão se dá, em regra, em situações inesperadas, de surpresa, como em: "Tudo parecia esclarecido, eis que surgiu um fato novo". No entanto, assim como *posto que*, vem sendo usada com o sentido de *porque, pois, visto que, uma vez que* (melhor que *vez que*), como no exemplo: "O réu deve ser absolvido, eis que é inocente".

Espaço para suas experiências (o que você quiser registrar)
_____
_____
_____
_____
_____
_____
_____

8 MARÇO

SÃO BENS DE CONSUMO DURÁVEL(IS).

Procuremos o sujeito: O que é durável? Os bens ou o consumo? É claro que os bens é que são duráveis. Então só falta fazer o verbo concordar com seu sujeito *bens*: São bens de consumo duráveis.

ESSA GAROTA VAI FAZER CARREIRA RÁPIDA(O).

Se a intenção é informar que a menina se consagrará rapidamente, em pouco tempo, deve-se utilizar advérbio, e não adjetivo: Essa garota vai fazer carreira rápido (rapidamente). Se a intenção é afirmar que a carreira dela não durará, o correto é utilizar a forma adjetiva: Essa garota vai fazer carreira rápida. É quando se aplica uma regra que todos decoraram: ao contrário do adjetivo, o advérbio não varia..., mas poucos a aplicam, justamente por não saberem distinguir adjetivo de advérbio, que no caso assume forma igual à do adjetivo masculino.

Espaço para suas experiências (o que você quiser registrar)

9 MARÇO

ELAS ESTÃO SÓ(S) NO SACRIFÍCIO

Novamente se está envolvido com o uso de palavra que pode ser adjetivo e advérbio. Com o sentido de *somente*, é advérbio; na acepção de *sozinho*, é adjetivo. É possível que elas estejam somente no sacrifício, ou seja, afastadas dos bons momentos? É possível e até comum em alguns meios. Se for isso, a frase estará correta sem a flexão, pois *só* será advérbio. Se, no entanto, a intenção for informar que elas estão sozinhas no sacrifício, e ninguém mais, terá que ser usada a forma adjetiva, aquela que flexiona. Assim: Elas estão sós (sozinhas) no sacrifício.

HAJA VISTA O ENTENDIMENTO NACIONAL.

A expressão correta é sempre *haja vista*, porque se formou a partir do substantivo *vista,* e não da forma verbal *visto*.

Espaço para suas experiências (o que você quiser registrar)

_____
_____
_____
_____
_____
_____
_____
_____
_____
_____
_____
_____

10 MARÇO

A AUTORIDADE DISSE QUE PODERÁ(ÃO) FALTAR ALIMENTOS.

Vamos achar o sujeito? O que é que poderá faltar? Resposta: alimentos. Portanto, só falta aplicar a máxima da concordância: o verbo sempre concorda com seu sujeito. Assim: A autoridade disse que poderão faltar alimentos. Aliás, basta ficar atento à reclamação do Word: em caso de digitação errada, ele vai marcar.

FAZ(EM) TRINTA ANOS / TRINTA GRAUS.

Quando se refere a tempo, não importa se cronológico ou meteorológico, o verbo *fazer* é impessoal, ou seja, não pode ir para o plural. Portanto: Faz trinta anos / trinta graus.

Espaço para suas experiências (o que você quiser registrar)

_____
_____
_____
_____
_____
_____
_____
_____
_____
_____

11 MARÇO

É PRECISO QUE HAJA(M) MUDANÇAS PROFUNDAS NO PAÍS.

Precisamos, por exemplo, perder essa mania de flexionar o verbo *haver* nos sentidos de *ocorrer* e *existir*, mantendo-o sempre na forma impessoal: *há, havia, haverá, houve, haveria, haja, houvesse, ...* Ocorre que *mudanças profundas* é complemento do verbo *haver*, o qual, por não ter sujeito, não tem com quem concordar; por essa razão é que se mantém na forma impessoal (terceira pessoa do singular). O engraçado é que nunca vi nem ouvi alguém flexionar esse verbo para o plural no presente do indicativo, como neste exemplo: *Há* muitos problemas no País. Ninguém diria: *Hão* muitos problemas no País, não é mesmo? Por que seria diferente com os demais tempos verbais?

É PARA MIM(EU) FAZER?

Vamos perguntar: Quem fará? Resposta: Eu. Portanto: É para eu fazer?

Espaço para suas experiências (o que você quiser registrar)

_____
_____
_____
_____
_____
_____
_____
_____

12 MARÇO

ISTO É PARA MIM?

E agora? Agora o sujeito do verbo é *Isto,* enquanto *mim* tem função de complemento. Em outras palavras, enquanto *eu* tem função de sujeito, *mim* será sempre complemento.

COMO NÃO SE RESOLVEU(ERAM) ESSAS DÚVIDAS, O PROCESSO FOI SUSPENSO.

Vamos procurar o sujeito: O que é que não se resolveu? Resposta: Essas dúvidas. Portanto: Como não se resolveram essas dúvidas, o processo foi suspenso.

Espaço para suas experiências (o que você quiser registrar)

___
___
___
___
___
___
___
___
___
___
___
___
___
___
___

13 MARÇO

IMAGINE(M)-SE AS DIFICULDADES.

De novo, vamos achar o sujeito? O que é que se imagine: Resposta: As dificuldades. Portanto: Imaginem-se as dificuldades. Cuidado: Usando a forma ativa do verbo (sem o pronome apassivador *se*), muda o sujeito, pois *as dificuldades* passa a ser complemento, podendo o sujeito variar: Imagina (tu) as dificuldades. Imagine (você ou ele) as dificuldades. Imaginem (vocês ou eles) as dificuldades. Imaginemos (nós) as dificuldades. Imaginai (vós) as dificuldades.

SOBROU(ARAM) DUAS TONELADAS DE ALIMENTOS.

Outra vez, vamos atrás do sujeito. O que é que sobrou? Resposta: Duas toneladas de alimentos. Portanto: Sobraram duas toneladas de alimentos.

Espaço para suas experiências (o que você quiser registrar)

_____
_____
_____
_____
_____
_____
_____
_____
_____
_____
_____

14 MARÇO

SE FATOS NOVOS NÃO OCORRER(EM)...

Vamos achar o sujeito perguntando ao verbo: *O que não ocorre?* Resposta: *fatos novos*. Portanto, o verbo concorda com *fatos novos*; daí *ocorrerem*. Neste exemplo, o sujeito está em sua posição normal, ou seja, antes do verbo. Por essa razão, dificilmente alguém erraria. No entanto, ao colocarem o sujeito depois do verbo, muitos, por não o procurarem, errariam, escrevendo: *Se não ocorrer fatos novos...*, e assim descumpririam o princípio da concordância. No exemplo, para fazer o verbo concordar com seu sujeito, a forma correta é esta: Se não ocorrerem fatos novos...

ERA UMA VEZ...

Pergunta-se com frequência qual a forma correta: "Era uma vez 20 advogados de 12 comarcas diferentes", ou: "Eram uma vez ...". A origem dessa forma está nos contos de fadas, que sempre começam assim: "Era uma vez... duas princesas..." Por que *era*, e não *havia*? Porque, convenhamos, *havia* não seria forma adequada para crianças; em seu lugar, optou-se pela singela forma *era*; portanto, este *era* na verdade significa *havia*, do verbo *haver* impessoal (quando tem o sentido de *existir* ou *ocorrer*), assumindo inclusive sua impessoalidade. Portanto, o correto é: "Era uma vez 20 advogados de 12 comarcas diferentes".

Espaço para suas experiências (o que você quiser registrar)

_____
_____
_____
_____

15 MARÇO

A ANEMIA É COMPLICAÇÃO IMPORTANTE.

Se não errado, é pelo menos inadequado o uso da palavra *importante* na frase, pois não revela se é bom ou mau sintoma, devendo-se preferir: A anemia é complicação grave.

PETRÓLEO ÁRABE

Não existe petróleo árabe, mas arábico. *Árabe* refere-se a pessoas: o povo árabe. As coisas e os costumes dos povos árabes são *arábicos*. O mesmo vale para *comida arábica*, tão em voga, mas equivocadamente chamada de *comida árabe*.

Espaço para suas experiências (o que você quiser registrar)

_____
_____
_____
_____
_____
_____
_____
_____
_____
_____
_____
_____

16 MARÇO

AGRADEÇO PELA OPORTUNIDADE DO DIÁLOGO.

O conhecido político iniciou a suposta entrevista, falou durante cerca de meia hora, não permitiu pergunta alguma do entrevistador e ao final fez este agradecimento, referindo-se ao diálogo que os dois teriam tido. Em situação como essa, não há diálogo, mas monólogo. São coisas completamente diferentes: *di* quer dizer *dois,* ou seja, os dois falam; quando fala apenas um, é *monólogo* (*monos*: um).

O TRANSPLANTADO TEVE ALTA.

Espera-se que o paciente também. Em alta mesmo está o uso equivocado da palavra *transplantado,* deixando o idioma em baixa. Ocorre que o transplantado é o órgão. Quem recebe o órgão é o receptor, assim como quem doa é o doador. Essa interação ficaria mais clara assim: *O paciente do transplante teve alta.*

Espaço para suas experiências (o que você quiser registrar)

_____
_____
_____
_____
_____
_____
_____
_____

17 MARÇO

VAMOS RECOLHER A PALAVRA DO GOVERNADOR.

Onde terão abandonado a palavra do governador? Alguém a teria jogado no lixo, ou num canto qualquer? Ou, quem sabe, não gostaram de sua palavra e levaram-na presa? Essas e outras perguntas não teriam ocorrido se o repórter tivesse se atido ao verdadeiro sentido das palavras. Quis dizer *colher,* mas disse *recolher.*

QUANDO AS MULHERES SÃO ADULTERADAS,...

Assim ia dizendo a entrevistada de conhecido programa de televisão, tentando atuar em defesa das mulheres traídas. Resultado: também ela foi traída, pois adulterou o sentido do que pretendia dizer. Que são mulheres adulteradas? Que sofreram mudanças para pior? A informação passada foi essa. Sabe-se, no entanto, que era intenção da entrevistada referir-se às vítimas de adultério, às mulheres traídas. Há maneiras de fazê-lo sem adulterar a linguagem: Quando as mulheres são traídas,...; ou: Quando as mulheres são vítimas de adultério.

Espaço para suas experiências (o que você quiser registrar)

_____
_____
_____
_____
_____
_____
_____

18 MARÇO

A DESCOBERTA DO BRASIL SE DEU HÁ APENAS 500 ANOS.

Ao autor da frase falta descobrir que foi o *descobrimento* do Brasil que seu deu em 1500, e não a *descoberta*. Usa-se *descoberta* quando se trata de invenção, ou seja, de algo que ainda não existia, como vacinas, medicamentos, bomba atômica, etc. O Brasil já existia antes de 1500; apenas não era conhecido. Para estes casos usa-se *descobrimento,* assim como para energia atômica, energia solar, gravidade, etc.

PRAZO: 20 DIAS ÚTEIS

Questão semântica das mais interessantes é a que diz respeito à expressão *dias úteis*. À primeira vista, pode induzir à conclusão apressada de que existem *dias inúteis.* Para que não se pense assim, é preciso conhecer a origem da expressão. Tem a ver com as enchentes do rio Nilo, famosas pelo húmus que deixam nas suas margens, fertilizando a terra. Prevendo essas enchentes, os egípcios semeavam nas margens do rio durante os dias que antecediam as enchentes e chamavam esses dias de úteis. Portanto, *dias úteis* são os da semeadura.

Espaço para suas experiências (o que você quiser registrar)

___
___
___
___
___
___

19 MARÇO

ELA GOSTA DE SOFISTICAR.

Se ela soubesse que, originalmente, *sofisticar* significa *sofismar, falsificar,* com certeza não *sofisticaria,* apesar de muitos gostarem de coisas artificiais, falsificadas, postiças... Há alguns anos, quem diria que *sofisticar* pudesse algum dia vir a ter o postiço sentido de *requintar*... No entanto, ao que parece, é fato irreversível, pois os dicionários já estão começando a aceitar essa acepção. Seja como for, é o dinamismo dos idiomas levado ao extremo.

O PACIENTE FEZ UM INFARTO DO MIOCÁRDIO.

O paciente não *faz* infarto, nem infecção ou outro problema qualquer. Na verdade, ele é vítima dessa má ação, e não autor. Por isso, o correto é dizer que ele *sofreu* ou *teve* infarto.

Espaço para suas experiências (o que você quiser registrar)

___
___
___
___
___
___
___
___
___
___

20 MARÇO

ATÉ OS SEIS MESES A CRIANÇA TEM QUE COLOCAR A PRIMEIRA DENTIÇÃO.

Exagero do pediatra, pois com apenas seis meses a criança ainda não adquiriu essa habilidade. Nem lhe cabe *colocar* dentição alguma. Na verdade, os dentes *nascem, surgem* ou *aparecem*.

PRESTE ATENÇÃO À MANEIRA COM QUE OS ALUNOS REAGEM.

A palavra *maneira* refere-se a modo, e não a companhia, por essa razão o conector a ser usado deve carregar o significado de modo; *como*, por exemplo, e não *com que*. Assim: Preste atenção à maneira como os alunos reagem.

Espaço para suas experiências (o que você quiser registrar)

21 MARÇO

A ÁGUA AMORTIZOU SUA QUEDA.

É certo que *amortizar* também tem o sentido de *diminuir, amenizar,* mas pode ser utilizado apenas para se referir a dívidas ou bens materiais. No caso, a água *amorteceu* a queda. Por se tratar de diferença sutil, o autor da frase também teve *amortecida* a crítica, mas não *amortizada*.

É UMA SUBSTÂNCIA CANCEROSA.

Não se conhece substância que seja vítima de câncer. Conhecem-se, isto sim, muitas substâncias que provocam, geram câncer; são as odiadas *substâncias cancerígenas.*

Espaço para suas experiências (o que você quiser registrar)

22 MARÇO

TERÁ O DEPUTADO O DOM DIVINO DA ADIVINHAÇÃO?

Referindo-se a conhecido deputado que *lavava* seu dinheiro mal havido *acertando* centenas de vezes nas loterias brasileiras, graças ao dom da adivinhação, o comentarista, a rigor, também errou ao ignorar a origem da palavra *adivinhação*. Deriva ela de *divino,* o que torna a frase redundante, pois expressa duas vezes a ideia de *divino*, como se fosse necessário exagerar também na linguagem. Chega de mentiras! Basta dizer: O deputado tem o dom da adivinhação. Seja como for, se o parlamentar foi de certa forma perdoado – não foi preso –, perdoe-se também esse deslize do comentarista.

OS GREVISTAS SERÃO PENALIZADOS.

Por desgostarem e causarem pena, frases como esta acabam penalizando o idioma e afetando as boas comunicações. Até porque já desgostaram as autoridades, os empresários e muitas vezes grande parte da população, os grevistas, de certa forma, já foram penalizados. Se, no entanto, a ideia é castigá-los, infligir-lhes alguma pena, então eles serão punidos, razão por que a frase precisa ser corrigida: Os grevistas serão punidos. De tanto que já usaram *penalizar* e *punir* como sinônimos, os dicionários admitem esse uso.

Espaço para suas experiências (o que você quiser registrar)

ÊXITO LETAL

Pode a morte ser considerada forma de êxito, de sucesso? Circunstancialmente ou de acordo com certas convicções religiosas, pode. Como norma, pelo menos do ponto de vista científico, não, pois é a própria negação do êxito. Mesmo assim, a expressão está consagrada no meio médico, em que pese o absurdo. A origem está na tradução equivocada que se vem fazendo da expressão inglesa *letal exit* (saída letal; morte). Por semelhança de grafia, *exit* foi sendo traduzido por *êxito*, e não por *saída,* que é seu verdadeiro significado. Mais uma vez o tradutor, depois de traído, vira traidor.

É SEU INIMIGO FIDAGAL.

Tratando-se de fidalgo, até que poderia ser *inimigo fidagal,* mas como a expressão se originou da palavra *fígado,* trata-se de *inimigo figadal,* isto é, que atinge o fígado.

Espaço para suas experiências (o que você quiser registrar)

_____
_____
_____
_____
_____
_____
_____
_____
_____

23 MARÇO

24 MARÇO

ACUSAR X INCRIMINAR

Enquanto *acusar* significa apenas *denunciar*, *incriminar* é declarar criminoso, com provas.

SÃO PESSOAS CARENTES.

Carentes de quê? De afeto, comida, roupa, calçados, de tudo? *Carente* é palavra carente de significado, necessitando sempre ser completada. Quem carece, carece de alguma coisa. Se, desgraçadamente, essas pessoas carecerem de tudo, diga-se: São pessoas carentes de tudo. Em síntese, *carente* não é sinônimo de *pobre*.

Espaço para suas experiências (o que você quiser registrar)

___
___
___
___
___
___
___
___
___
___
___
___
___
___

O BANDIDO FOI ATINGIDO NA ALTURA DO VENTRE.

25 MARÇO

Então não foi atingido, porque homem, mesmo que seja bandido, não tem ventre, mas sim abdômen. Em *ventre* expressa-se a ideia de fecundidade, de útero, propriedade exclusivamente feminina. Então: O bandido foi atingido na altura do abdômen.

ADVERSÁRIO X INIMIGO

Em *inimigo* existe o ingrediente do ódio e o caráter da adversidade permanente; não pressupondo ódio e sendo eventual, trata-se de *adversário*.

Espaço para suas experiências (o que você quiser registrar)

_____
_____
_____
_____
_____
_____
_____
_____
_____
_____
_____
_____
_____

26 MARÇO

ONDE ESTARÁ A CONSTITUIÇÃO?

Conta-se que durante o regime militar, em determinada Câmara de Vereadores, deu-se o diálogo a seguir entre dois parlamentares:

— Rasgaram a Carta Magna.
— Se acharmos cópia, não resolvemos o problema?

O diálogo mostra bem como é possível mexer no sentido das palavras, como esse sentido é circunstancial e, principalmente, como seu domínio pode ser proveitoso em situações como a do vereador, que, na falta de outro argumento, usou de perspicácia para tomar outro rumo semântico e, assim, diminuir em muito os efeitos do velho chavão de seu opositor.

AS MEDIDAS SÃO INÓCUAS, POIS PREJUDICAM MUITA GENTE.

Se prejudicam, não são inócuas. Até mesmo pessoas graduadas vêm atribuindo a *inócuo* o sentido de *inadequado*. Na verdade, quase não há semelhança de significado entre as duas palavras. Pelo contrário, seus sentidos são quase opostos. *Inócuo,* derivado do latim *innocuu,* tem os sentidos de inofensivo, sem efeito, que não causa dano; *inadequado* é algo não adequado, portanto com efeito nocivo. Por isso, a frase precisa ser corrigida, adequando-se aos objetivos do informante: As medidas são inadequadas, pois prejudicam muita gente.

Espaço para suas experiências (o que você quiser registrar)

27 MARÇO

PROVAS X EVIDÊNCIAS

Ou são provas, ou são apenas evidências. As provas são concretas, documentadas. A evidência prescinde de provas: tem-se certeza mesmo sem contar com provas objetivas. Portanto, *prova* e *evidência* são coisas muito diferentes.

NOME X GRAÇA

Não se deve confundir *graça* com *nome*. Pode-se usar *graça* apenas para referir o nome de batismo, pois é daí que deriva a palavra: da *graça do batismo*. Portanto, a rigor, quem não for batizado não tem *graça*, mas apenas *nome*. Inicialmente, aplicava-se apenas às mulheres; depois seu uso se estendeu também às crianças em geral, passando, mais tarde, a ser aceito também para nomear homens jovens e adultos. Com o tempo, surgiram inúmeras expressões, todas derivadas da *graça* do batismo: *perder a graça; cair nas graças; de graça;* etc.

Espaço para suas experiências (o que você quiser registrar)

_____
_____
_____
_____
_____
_____
_____
_____
_____
_____

28 MARÇO

O REFÉM FOI VÍTIMA DE SAQUE.

Saque deriva de *sacar*, e não de *saquear*. Portanto, o refém foi mesmo vítima de *saqueio*, e não de *saque*. Trata-se de forma consagrada, é certo, tanto que alguns dicionários a admitem, mas até quando vamos consagrar equívocos? O latim também consagrou os muitos erros dos imperadores e, por essa e por outras, morreu de tanto pecar. Aliás, a língua é frequente vítima de *sacar*. Ouve-se seguidamente pessoas eruditas dizerem que vão ao banco para sacar o cheque, quando na verdade exibem o cheque que estão levando até o banco. Vão mesmo é sacar o dinheiro, e não o cheque. Para preservar a boa linguagem, é preciso *sacar* do idioma esse tipo de pecado.

A CONSTITUIÇÃO NÃO FALA NISSO.

Claro! Constituição não fala mesmo... Ou seja, não articula palavras, frases... É muito comum, mesmo entre pessoas bem-dotadas culturalmente, confundirem *dizer* com *falar*. *Dizer* significa exprimir por meio de palavras, servindo tanto para a fala quanto para a escrita. O significado de *falar* é limitado à articulação de palavras, frases..., não se podendo *falar* pela palavra escrita.

Espaço para suas experiências (o que você quiser registrar)
_____
_____
_____
_____
_____
_____

29 MARÇO

A FEIRA FOI UMA BELA AMOSTRAGEM DO FUTURO DA INFORMÁTICA.

Enquanto isso, a frase é uma boa amostra do estrago que a desatenção é capaz de produzir. *Amostragem* e *amostra* não são palavras sinônimas. A primeira é usada apenas em estatística. Trocando em miúdos, *amostragem* é a *amostra* na linguagem técnica usada em estatística. Na frase, portanto, deve-se trocar *amostragem* por *amostra*.

APROVEITEM NOSSAS PROMOÇÕES!

Outra palavra que vem tendo deturpado seu sentido é *promoção*. Derivada do verbo *promover,* tem o sentido real de *mover para diante,* ou *para cima.* Será que é pensando nisso que muitos lojistas anunciam promoções a preços acima ou além dos do mercado?... Opções: Aproveitem nossos descontos, nossas barbadas!...

Espaço para suas experiências (o que você quiser registrar)

_____
_____
_____
_____
_____
_____
_____
_____
_____

30 MARÇO

O AUTOR ESTÁ LANÇANDO NOVO LIVRO.

A rigor, *lançar* algo *novo* é redundante. Supõe-se que todo lançamento seja novo. Na frase só não ocorre essa redundância porque a palavra *novo* está assumindo "novo sentido": *outro*. Aliás, até para evitar que alguém possa pensar na existência de afirmação redundante, sugere-se mudança: O autor está lançando outro livro.

VIVEMOS NUM CICLO VICIOSO DE CORRUPÇÃO.

A não ser que o comentarista estivesse se referindo ao período em que ocorre a corrupção, trata-se de frase igualmente *viciada*. Acredita-se piamente que, assim como muitos, também ele tenha caído no erro de usar *ciclo* em vez de *círculo*. Assim: Vivemos num círculo vicioso de corrupção.

Espaço para suas experiências (o que você quiser registrar)

_____
_____
_____
_____
_____
_____
_____
_____
_____
_____
_____
_____

31 MARÇO

VAMOS BOTAR AS COISAS NO LUGAR.

Não. Vamos, isto sim, *pôr* as coisas no lugar. Na linguagem culta, formal, *botar* só pode ser usado no sentido de *expelir*. A galinha é que *bota* (ovo). A linguagem coloquial, no entanto, permite que você também continue *botando ovo*.

NA PREVENÇÃO DA DENGUE, RECOMENDA-SE A DISTRIBUIÇÃO DE PANFLETOS QUE ORIENTEM A POPULAÇÃO.

O profissional da saúde pública, parece evidente, quis dizer *folhetos,* porque *panfleto* é o nome que se dá a um escrito satírico e veemente, muito utilizado para a divulgação de ideias de fundo ideológico, principalmente em tempos de regimes totalitários. A bem da verdade, é preciso esclarecer que este equívoco é cometido por profissionais das mais diversas áreas.

Espaço para suas experiências (o que você quiser registrar)

_____
_____
_____
_____
_____
_____
_____
_____
_____
_____

ANOTAÇÕES DE MARÇO E/OU ABRIL

ABRIL

Abraçá-lo ou *abraçar-lhe*? 1
Obedecê-la ou *obedecer-lhe*? 1
Aspirar 2
Assistir 2
Avisar 3
Comparecer 3
Constar 4
Convidar 4
Corroborar 5
Implicar 5
Morar, residir, situar(-se), estabelecer(-se) 6
Entrevistar / Entrevistar-se 6
Oficiar 7
Perdoar 7
Perguntar / Responder 8
Proceder 8
Querer 9
Servir 9
Solicitar 10
Suceder 10
Visar 11
Ante o / Diante do... 11
Muitos animais morreram da epidemia 12
Xérox (xerox), gilete... 12
Tele-entrega (telentrega) 13
Livros de autoajuda 13
Se não for convocado, irei da mesma forma 14
Vai cair geada 14

Você está boa? 15
Cargo X Função 15
O pecuarista cria seu gado no interior da cidade 16
Bicho ou bixo? 16
Zezé era a carinhosa alcunha do religioso 17
Conheça nossos seminovos 17
Estamos vendendo com 50% de desconto 18
O incidente deixou duas vítimas 18
Apesar da freiada, o motorista não evitou o acidente 19
Cachorro também é gente 19
Os animais não são indivíduos 20
Genitor X Progenitor 20
Hipertensão severa 21
Gorjeta X Propina 21
A equipe tem o handicape de jogar em casa 22
O jovem faleceu no local do crime 22
As marcas dos pés são rastros que provam a presença humana na região 23
Calúnia X Difamação X Infâmia X Injúria X Ultraje 23
O presidiário teve um ouvido decepado 24
Legal X Legítimo X Lícito X Permitido 24
O Lula, o Bolsonaro, a Dilma, o Francisco,... 25
O prisioneiro estava com a vista vermelha 25
Sujeito a guincho 26
Tenho os documentos na mão 26
Morbidade X Morbidez 27
Mortandade X Mortalidade 27
Equipe estreia seu novo goleiro 28
O empresário declarou sua falência 28
Fazem-se muitos erros nas redações 29
Crise do calçado provoca grande volume de desempregados ... 29
A observação das leis é importante 30
O Presidente é muito viajado 30

1 ABRIL

ABRAÇÁ-LO OU ABRAÇAR-LHE?

Os pronomes oblíquos *a, o* e suas variações (*as, os, la, lo, las, los, na, no, nas, nos*) são usados apenas na função de objeto direto, isto é, com verbos transitivos diretos, enquanto *lhe* e *lhes* apenas na de objeto indireto, ou seja, com verbos transitivos indiretos. *Quem abraça, abraça alguém*, e não *a alguém*; portanto, o verbo *abraçar* é transitivo direto, ou seja, não requer preposição, razão por que a forma correta é *abraçá-lo*.

OBEDECÊ-LA OU OBEDECER-LHE?

Quem obedece, obedece a alguém. Como se observa, o verbo *obedecer* exige a preposição *a*, sendo, portanto, transitivo indireto, razão por que o pronome a ser usado é o que cumpre a função de objeto indireto, isto é, *lhe*; daí *obedecer-lhe*. Esclareça-se que *lhe* não cumpre função de pronome de tratamento, nada tendo a ver com forma de distanciamento, como pode parecer.

Espaço para suas experiências (o que você quiser registrar)

___

___

___

___

___

___

___

___

2 ABRIL

ASPIRAR

Quando usado para expressar um objetivo, uma meta, exige a preposição *a*: Ele aspira a uma vitória nos tribunais. Nos demais sentidos, é transitivo direto, ou seja, não requer qualquer preposição; caso mais frequente é aquele em que é usado com os sentidos de inalar, cheirar: Gosto de aspirar bons perfumes.

ASSISTIR

Com o sentido de dar assistência, é transitivo direto: Cabe ao advogado assistir seu cliente. Os médicos assistiram os acidentados. Quando usado no sentido de ser espectador, rege a preposição *a*: Quando estudante, costumava assistir a júris. Gosto de assistir a jogos de futebol.

Espaço para suas experiências (o que você quiser registrar)

_____
_____
_____
_____
_____
_____
_____
_____
_____
_____
_____

3 ABRIL

AVISAR

É verbo transitivo direto e indireto, ou seja, bitransitivo, admitindo duas formas de regência diferentes: "avisar alguma coisa a alguém" ou "avisar alguém de alguma coisa". Exemplos: Avisamos o presidente de que ocorreu uma irregularidade. Avisamos ao presidente que ocorreu uma irregularidade. Têm regência igual: certificar, informar, comunicar, lembrar, proibir, incumbir, notificar.

COMPARECER

É sempre transitivo indireto, isto é, requer alguma preposição. Quando usado em referência a lugar, a preposição exigida é *em*: O consumidor compareceu na repartição para manifestar sua contrariedade. Nos demais casos, deve-se preferir a preposição *a*: O acusado não compareceu à audiência.

Espaço para suas experiências (o que você quiser registrar)

_____
_____
_____
_____
_____
_____
_____
_____
_____
_____

4 ABRIL

CONSTAR

No sentido de compor-se, rege a preposição *de*: O processo consta de 30 laudas. Quando usado na acepção de estar registrado, a preposição exigida é *em*: Todas essas informações devem constar no processo.

CONVIDAR

Convida-se alguém para alguma coisa, ou seja, a pessoa convidada será sempre objeto direto e o assunto do convite, objeto indireto: Convidou os presentes para ouvirem o Hino Nacional.

Espaço para suas experiências (o que você quiser registrar)

5 ABRIL

CORROBORAR

Corrobora-se algo, e não com algo: As provas corroboram a tese da defesa. Errado: As provas corroboram com a tese da defesa. Trata-se de erro muito comum na linguagem jurídica.

IMPLICAR

Nos sentidos de não concordar, antipatizar, exige a preposição *com*: O advogado costuma implicar com seus oponentes. No sentido de envolver, é bitransitivo, isto é, exige um objeto direto e um indireto: Costuma implicar os colegas nas suas confusões. Quando usado com o significado de ter como consequência, não requer preposição, sendo, portanto, transitivo direto: O não cumprimento do contrato implicará sua rescisão. Em regra, o erro ocorre nesta última acepção.

Espaço para suas experiências (o que você quiser registrar)

6 ABRIL

MORAR, RESIDIR, SITUAR(-SE), ESTABELECER(-SE)

Todos são transitivos indiretos, exigindo a preposição *em*: Mora-se, reside-se, situa-se, estabelece-se em alguma rua ou local: Mora na Rua do Arvoredo. Reside em Santa Helena. Situa-se no centro da cidade. Estabeleceu-se na Rua da Igreja. Importante: *Sito* é o particípio reduzido de *situado*, do verbo *situar*, tendo por isso a mesma regência. Portanto, "sito na Rua do Arvoredo", e não "sito à Rua do Arvoredo".

ENTREVISTAR / ENTREVISTAR-SE

O verbo *entrevistar* é transitivo direto, ou seja, quem entrevista, entrevista alguém, e não a alguém: O jornalista entrevistou *o secretário* (e não *ao secretário*, como se ouve de muitos jornalistas). Na forma reflexiva *entrevistar-se* (aquela em que a ação reflete sobre o sujeito), passa a ser transitivo indireto, exigindo a preposição *com*: Entrevistou-se com o Presidente.

Espaço para suas experiências (o que você quiser registrar)

_____
_____
_____
_____
_____
_____
_____
_____

7 ABRIL

OFICIAR

Com o sentido de celebrar, é transitivo direto: Oficiou a missa, o culto, a cerimônia, a solenidade. Com o significado de comunicar oficialmente, rege a preposição *a*. Portanto: Oficiou ao Presidente da OAB, ao tribunal, ao magistrado, à secretária, à autoridade.

PERDOAR

A pessoa a quem se perdoa será sempre objeto indireto, requerendo a preposição *a*: A empresa perdoou ao devedor. Aquilo que é perdoado será sempre expresso por objeto direto: O magistrado perdoou a intromissão indevida da testemunha.

Espaço para suas experiências (o que você quiser registrar)

_____
_____
_____
_____
_____
_____
_____
_____
_____
_____
_____
_____
_____

8 ABRIL

PERGUNTAR / RESPONDER

Obedecem a dupla transitividade, mas não admitem formas alternativas. Pergunta-se ou responde-se algo a alguém; em outras palavras, o assunto da pergunta ou da resposta será sempre objeto direto, enquanto a pessoa a quem se pergunta ou responde será objeto indireto. Exemplos: O magistrado perguntou à testemunha. A testemunha respondeu ao magistrado. O magistrado perguntou o que queria esclarecer. A testemunha respondeu todos os questionamentos feitos.

PROCEDER

Com o sentido de realizar, exige a preposição *a*: A polícia está procedendo a um minucioso inquérito. Com o sentido de originar-se, rege a preposição *de*: Ele procede do interior do Estado. Na acepção de ter fundamento, é verbo intransitivo: A acusação não procede.

Espaço para suas experiências (o que você quiser registrar)

_____
_____
_____
_____
_____
_____
_____
_____
_____

9 ABRIL

QUERER

No sentido de desejar, é transitivo direto: Quero paz. No sentido de estimar, rege a preposição *a*: Todos querem ao chefe.

SERVIR

Pode ser intransitivo: Isso não serve. Seu único objetivo é servir. Pode ser bitransitivo (transitivo direto e indireto): Serviram-lhe o almoço. Nos sentidos de prestar serviço, de ser oportuno, de ser causa e de ter serventia, é transitivo indireto, podendo reger as preposições *a, em* ou *de*: Serve a todos. Serviu na Aeronáutica. A vitória serviu de alento. Nos sentidos de prestar serviços a, ser útil, ajudar e de pôr na mesa, é transitivo direto: Serve o presidente há muito tempo. Gosta de servir os pobres. Finalmente serviu o almoço.

Espaço para suas experiências (o que você quiser registrar)

_____
_____
_____
_____
_____
_____
_____
_____
_____
_____

10 ABRIL

SOLICITAR

Solicita-se alguma coisa a ou de alguém. Portanto, aquilo que se solicita será sempre objeto direto, enquanto a pessoa, órgão ou setor a quem se solicita será sempre objeto indireto, exigindo as preposições *a* ou *de*: Solicitei cópia do documento. Solicitei cópia a eles. Solicitei a colaboração deles.

SUCEDER

Com o sentido de acontecer, é transitivo direto: Sucedeu que todos perdemos. Com o sentido de vir depois exige a preposição *a*: Sucedeu ao pai.

Espaço para suas experiências (o que você quiser registrar)

11 ABRIL

VISAR

Pode ser usado com pelo menos três sentidos diferentes: de assinar (registrar o visto), de mirar (o alvo) e de ter como objetivo. Com os dois primeiros significados, trata-se de verbo transitivo direto: Visei o documento. O atirador visou o alvo. Com o sentido de ter como objetivo, requer sempre a preposição *a*: A iniciativa visa ao benefício da sociedade; a regulamentação visa à igualdade entre todos.

ANTE O / DIANTE DO...

Se as locuções adverbiais e prepositivas requerem, ou não, preposição é dúvida das mais frequentes entre os que escrevem. Entre as duplas abaixo, qual é a correta?

Ante o / Ante ao
Em frente ao / Em frente o
Perante o / Perante ao
Em meio ao / Em meio o
Diante do / Diante o

Entre as duplas acima, a correta nos cinco casos é a primeira. Observando com atenção, percebe-se uma coincidência: as que começam com preposição chamam outra preposição no final: em frente ao, em meio ao, diante (de + ante) do. Quando não começam com preposição, também não há preposição no final da locução: ante o, perante o.

Espaço para suas experiências (o que você quiser registrar)

_____
_____
_____

12 ABRIL

MUITOS ANIMAIS MORRERAM DA EPIDEMIA.

Estava escrito em artigo científico de autoria de um médico-veterinário; não se deu conta da origem da palavra *epidemia*, que deriva do grego *demos* (povo), referindo-se, portanto, exclusivamente a pessoas. A solução está no próprio grego, que nos doou o radical *zoom* (animal). Daí *epizootia*. Assim, a frase foi corrigida em tempo: Muitos animais morreram da epizootia.

XÉROX (XEROX), GILETE...

Por antiguidade, por força de uso ou do *marketing*, e por outras razões, algumas marcas e/ou processos registrados acabam virando nome comum, genérico. *Gilete,* por exemplo, virou sinônimo de lâmina de barbear, assim como *xérox* (ou a forma menos usada *xerox*) assumiu o sentido de equipamento ou processo usado para obtenção de cópias gráficas, mesmo que o equipamento e o processo utilizado não sejam da marca registrada *Xerox*. Ambas formas, assim como outras, já constam oficialmente do Vocabulário Ortográfico da Língua Portuguesa. Esses usos são tão espontâneos que conhecido jogador de futebol da década de 1970 agradeceu publicamente "as brahmas que a Antártica" lhe mandara.

Espaço para suas experiências (o que você quiser registrar)

_____
_____
_____
_____
_____

TELE-ENTREGA (TELENTREGA)

13 ABRIL

Enquanto se discute se a grafia correta é *tele-entrega* ou *telentrega* (ambas aceitas), poucos se dão conta de que, a rigor, não existem – pelo menos por enquanto... – serviços de telentrega de produtos, isto é, entrega de produtos à distância, sem que eles se desloquem. Existem, em profusão, os *telesserviços,* que incluem *tele-encomendas,* mas na hora da entrega não se consegue fazê-lo por cabo telefônico ou por controle remoto... Existe também uma vontade muito forte de tornar as entregas cada vez mais rápidas, o que motivou o surgimento do termo, que, apesar da consagração do uso, não tem o reconhecimento oficial, pois não consta do Vocabulário Ortográfico da Língua Portuguesa.

LIVROS DE AUTOAJUDA

Classificação adotada para distinguir determinado gênero de livros, peca pelo excesso de abrangência, pois, a rigor, qualquer bom livro é de autoajuda. A não ser que a expressão queira se referir à ajuda que esses livros prestam a seus autores, como alguém já comentou maliciosamente. Aliás, todo autor espera que seus livros lhe propiciem ajuda.

Espaço para suas experiências (o que você quiser registrar)
_____
_____
_____
_____
_____

14 ABRIL

SE NÃO FOR CONVOCADO, IREI DA MESMA FORMA.

Como se estivesse em discussão a forma como o atleta iria, se de avião ou de navio, de gravata ou de traje esporte, etc., esqueceu-se de referir em que condição: como atleta ou espectador. Quis dizer, é claro, que, caso não fosse convocado como atleta, iria na condição de espectador. Deveria ter dito: Convocado ou não, irei; ou: Mesmo não convocado, irei.

VAI CAIR GEADA.

Ao contrário da neve, que cai, a geada se forma no solo ou sobre águas paradas, não se podendo dizer que cai. Portanto: Vai formar geada.

Espaço para suas experiências (o que você quiser registrar)

_____
_____
_____
_____
_____
_____
_____
_____
_____
_____
_____
_____
_____

15 ABRIL

VOCÊ ESTÁ BOA?

Bem que a resposta poderia ser: Como posso saber se ainda não me provei? Para evitar esse tipo de dificuldade nas comunicações, deve-se trocar o adjetivo *boa* por *bem*, advérbio: Você está bem?

CARGO X FUNÇÃO

Não significam a mesma coisa. Função ou funções são as atribuições que correspondem ao cargo.

Espaço para suas experiências (o que você quiser registrar)

_____
_____
_____
_____
_____
_____
_____
_____
_____
_____
_____
_____
_____
_____

16 ABRIL

O PECUARISTA CRIA SEU GADO NO INTERIOR DA CIDADE.

As autoridades municipais dessa cidade devem estar diante de um problema realmente sério, pois a criação de gado no perímetro urbano dos municípios certamente gera variados problemas urbanos. A bem da verdade, houve problemas, mais uma vez, na comunicação do fato por parte do comentarista de assuntos do campo. À semelhança de muitos, trata *cidade* e *município* como sinônimos, quando *cidade* refere apenas o núcleo urbano e *município* abrange toda a área, urbana e rural. Portanto, para tirar o gado da cidade, basta trocar *cidade* por *município*: O pecuarista cria seu gado no interior do município.

BICHO OU BIXO?

Depende. Referindo-se à árvore da família das bixáceas, muito comum no Caribe, é *bixo*. Nos demais casos, é *bicho*, com *ch*, mesmo no sentido de calouro, referindo-se aos novos universitários, soldados, etc., casos para os quais o Brasil inteiro consagrou erradamente a palavra *bixo*. Será para evitar confusão com os animais? Ou, quem sabe, é pela semelhança com as sementes da planta, que apresentam papilas carnosas, vermelhas?

Espaço para suas experiências (o que você quiser registrar)

_____
_____
_____
_____
_____

17 ABRIL

ZEZÉ ERA A CARINHOSA ALCUNHA DO RELIGIOSO.

Não sabe o autor desta legenda que a palavra *alcunha* é injuriosa, ofensiva, expressando ideia contrária à pretendida. O religioso certamente lhe perdoará a ofensa, mas o pecador deverá reparar o erro. Assim: Zezé era o apelido do religioso. Aliás, *apelido* já foi sinônimo de *sobrenome*, correspondendo ao ainda atual *apellido* do espanhol.

CONHEÇA NOSSOS SEMINOVOS.

Já se consagrou no comércio brasileiro de automóveis a palavra *seminovo*, mesmo que o dito cujo seja velho, completamente velho. Não se deve esquecer que *semi* significa quase; assim, em nome da honestidade, espera-se que o automóvel seja quase novo.

Espaço para suas experiências (o que você quiser registrar)

_____
_____
_____
_____
_____
_____
_____
_____
_____
_____

18 ABRIL

ESTAMOS VENDENDO COM 50% DE DESCONTO.

Só falta informar a base do cálculo do desconto: 50% sobre quanto? Se o desconto de 50% for sobre o dobro do preço normal, não há, na verdade, qualquer desconto. A única coisa a festejar neste anúncio é a ausência do famigerado *off*, tão em voga e que nada tem a ver com nossa língua portuguesa.

O INCIDENTE DEIXOU DUAS VÍTIMAS.

Tratava-se, na verdade, de um *acidente*, pois houve vítimas. *Incidente* é episódio, fato, uma discussão, por exemplo. Por ter sido um desastre, foi o *acidente* que deixou as vítimas.

Espaço para suas experiências (o que você quiser registrar)

_____
_____
_____
_____
_____
_____
_____
_____
_____
_____
_____

19 ABRIL

APESAR DA FREIADA, O MOTORISTA NÃO EVITOU O ACIDENTE.

Em matéria de acidentes, acontece de tudo, até mesmo *freiada*, que nada mais pode ser do que o coletivo de *frei*... Para frear acidentes de linguagem como este, deve-se saber que o verbo é *frear* e que é dele que deriva *freada*, e não de *freio*. Portanto: Apesar da freada, o motorista não evitou o acidente.

CACHORRO TAMBÉM É GENTE.

Foi a afirmação de importante autoridade brasileira. Assim como no caso anterior, a afirmação não procede. Cachorro é indivíduo, mas não é gente. É verdade que isso não o desqualifica, mas o certo é que as palavras têm limite em seu significado, e esse limite precisa ser respeitado.

Espaço para suas experiências (o que você quiser registrar)

_____
_____
_____
_____
_____
_____
_____
_____
_____

20 ABRIL

OS ANIMAIS NÃO SÃO INDIVÍDUOS.

Errado! Qualquer animal, até mesmo o homem, é indivíduo. Para ser indivíduo, basta ser animal que ocupe algum lugar na natureza. Para dizer que os animais não são pessoas, a frase precisa ser mudada: Os animais não são pessoas.

GENITOR X PROGENITOR

A rigor, *progenitor* é o avô (*pro*: antes, que gera antes do pai), em que pese estar consagrado como sinônimo de *genitor*. O mesmo vale para o feminino *progenitora*: avó, e não mãe. Para evitar prejuízos à árvore genealógica, é conveniente ser preciso.

Espaço para suas experiências (o que você quiser registrar)

_____
_____
_____
_____
_____
_____
_____
_____
_____
_____
_____
_____
_____

21 ABRIL

HIPERTENSÃO SEVERA

Consagrada expressão do meio médico, não deixa de ser uma deturpação do sentido da palavra *severo*, que significa *rígido, austero, áspero, veemente, grave* (no sentido de *inflexível, austero*). Em *hipertensão severa* não se está pretendendo dar esses sentidos, mas, sim, o de *gravidade*, de *intensidade*, sendo preferível corrigir a expressão para: *Hipertensão intensa*, ou *grave*.

GORJETA X PROPINA

Usadas indiscriminadamente, as duas palavras têm sentidos diferentes. *Gorjeta*, que deriva de *gorja* (garganta), se dá em troca de algum serviço; na origem, para molhar a garganta, ou seja, uma bebida. A propina é dada aos subalternos, aos funcionários. Claro, tudo isso é história. Hoje, com a deturpação dos bons costumes nessa área, *saltam* gorjetas e propinas de tudo que é lado. Mais que a gorjeta, a propina circula de preferência nos meios mais corruptos, assumindo o próprio sentido de corrupção. Lamentável, sob todos os aspectos, até mesmo da linguagem, que acaba se adaptando a isso.

Espaço para suas experiências (o que você quiser registrar)

_____
_____
_____
_____
_____
_____
_____

22 ABRIL

A EQUIPE TEM O HANDICAPE DE JOGAR EM CASA.

Alguém usou, todo mundo gostou, e a palavra se consagrou com o sentido inverso do original. *Handicap*, do inglês, tem o sentido de desvantagem, enquanto em alguns meios brasileiros, especialmente no esportivo, a palavra está sendo usada com o significado de vantagem. Aliás, isso é muito bem-feito! Por que buscar lá o que temos aqui. Qual é a vantagem? Corrijam-se todos: A equipe tem a vantagem de jogar em casa.

O JOVEM FALECEU NO LOCAL DO CRIME.

Apesar de usadas indistintamente, como se fossem sinônimas, as palavras *falecer (falecimento)* e *morrer (morte)* têm usos distintos. Em *falecimento* subentende-se a ideia de efeito natural, aplicando-se mais aos idosos. Não é apropriado caracterizar como falecimentos as mortes violentas. De sentido mais amplo, *morte* pode ser usado em qualquer situação. Falta apenas corrigir a frase: O jovem morreu no local do crime.

Espaço para suas experiências (o que você quiser registrar)

___
___
___
___
___
___
___

AS MARCAS DOS PÉS SÃO RASTROS QUE PROVAM A PRESENÇA HUMANA NA REGIÃO.

23 ABRIL

Aventureiro em todos os sentidos da palavra, o autor deixou marcas de seu espírito. Não se deu conta de que *rastro* ou *rasto* tem a mesma origem de *arrastar*, significando vestígio de algo ou alguém que foi arrastado. É necessário corrigir essa distorção, bem como a redundância: As marcas dos pés provam a presença humana na região. Igual confusão ocorre com as palavras *pegada*, *pista* e *trilha*, de sentido semelhante, porém não igual; *pegada*: sinônimo de *pisada*, deriva de *pé*, referindo-se ao vestígio de pé deixado na terra, daí a gíria *pegada*, no sentido de *trabalhar*; *pista*: marcas deixadas por alguém (homem ou animal) que já se retirou do local; *trilha*: marcas que ficam em função de passagens frequentes.

CALÚNIA X DIFAMAÇÃO X INFÂMIA X INJÚRIA X ULTRAJE

Eis um quinteto vítima frequente de pecados. Usadas, indistintamente, como sinônimas, as cinco palavras têm, no entanto, sentidos diferentes: *calúnia*: acusação falsa, com o objetivo de causar dano; *difamação*: desfazer a boa fama; *infâmia*: difundir a má fama, com o objetivo de arrasar; *injúria*: injustiça; *ultraje*: insulto escandaloso.

Espaço para suas experiências (o que você quiser registrar)
_____
_____
_____
_____
_____

24 ABRIL

O PRESIDIÁRIO TEVE UM OUVIDO DECEPADO.

O inquérito policial mostrou que o repórter se equivocou, pois do conjunto de órgãos que constituem cada ouvido, o presidiário teve decepada uma das orelhas. Falta apenas corrigir a frase: O presidiário teve uma orelha decepada.

LEGAL X LEGÍTIMO X LÍCITO X PERMITIDO

Parecem sinônimos, mas não são: *Legal*: conforme previsto em lei; *legítimo*: emana da vontade popular, baseando-se no direito, na razão e na justiça; *lícito*: não é proibido por lei; não é objeto de lei; *permitido*: autorizado por lei.

Espaço para suas experiências (o que você quiser registrar)

_____
_____
_____
_____
_____
_____
_____
_____
_____
_____
_____
_____

25 ABRIL

O LULA, O BOLSONARO, A DILMA, O FRANCISCO,...

Alguns locutores, talvez porque na vida privada tenham intimidade com autoridades, expressam publicamente essa proximidade, o que fere a correção da linguagem formal e o respeito à autoridade. Fazem-no inocentemente, pois não se dão conta de que o uso do artigo definido (*o, a*) denota essa intimidade. Portanto, abstraídos os momentos em que se priva da relação de intimidade, o artigo deve ser evitado: *Lula, Bolsonaro, Dilma, Francisco*. Quando se menciona o cargo antes do nome, o artigo deve ser usado, até porque o simples fato de mencioná-lo elimina a conotação de intimidade: O Presidente Lula, o Presidente Bolsonaro, a Presidente Dilma, o Papa Francisco.

O PRISIONEIRO ESTAVA COM A VISTA VERMELHA.

Confunde-se aqui autor com ação. Vista, ou visão, é o resultado da ação de olhar. Olhando por esse prisma, facilmente se verá que o prisioneiro estava com os olhos vermelhos.

Espaço para suas experiências (o que você quiser registrar)

_____
_____
_____
_____
_____
_____
_____

26 ABRIL

SUJEITO A GUINCHO

O que fará o guincho? Guinchamento. Então, por que essa sinalização tão comum nas grandes e médias cidades brasileiras não o diz expressamente? Assim: Sujeito a guinchamento.

TENHO OS DOCUMENTOS NA MÃO.

Dito isso, o juiz solicitou que o advogado os mostrasse. Este procurou os documentos na pasta, e não os encontrou. E o juiz passou a não acreditar mais nas suas afirmações. E poderia? O advogado nem sequer tinha os documentos à *mão*, muito menos *na mão*. Explica-se: o que está *na mão* é o que está rigorosamente *na mão*; está *à mão* aquilo que está próximo das mãos. O que faz a distinção de significado são as preposições *em* (lugar fixo, definido) e *a* (próximo, em torno).

Espaço para suas experiências (o que você quiser registrar)

27 ABRIL

MORBIDADE X MORBIDEZ

As duas palavras dizem respeito a doenças, e não à morte, como se encontra frequentemente. Enquanto *morbidade* expressa a capacidade de produzir ou provocar doença, *morbidez* refere-se à condição, ao estado ou ao caráter de doente. Daí *estado de morbidez*.

MORTANDADE X MORTALIDADE

Ambas são relativas à morte e têm a mesma origem: do latim *mortalitate*. Enquanto *mortandade* tem apenas o sentido de matança, extermínio, chacina, a palavra *mortalidade* pode ser usada também com esse sentido, mas tem outros dois que *mortandade* não tem: condição de mortal e percentagem de mortes.

Espaço para suas experiências (o que você quiser registrar)

28 ABRIL

EQUIPE ESTREIA SEU NOVO GOLEIRO.

Quem estreia não é a equipe, mas sim seu novo goleiro, razão por que a frase precisa ser corrigida: Equipe tem a estreia de seu novo goleiro. Quando se refere a coisas, sim, pode-se usar *estrear*: Equipe estreia seu novo uniforme.

O EMPRESÁRIO DECLAROU SUA FALÊNCIA.

Se fosse possível, o autor da frase faria o mesmo, já que sua linguagem está *quebrada*. Ocorre que a falência é exclusiva de empresas, não se aplicando a pessoas, para as quais existe a palavra *insolvência*. Não se evita o mal maior, mas preserva-se a boa linguagem corrigindo-a: O empresário declarou sua insolvência.

Espaço para suas experiências (o que você quiser registrar)

_____
_____
_____
_____
_____
_____
_____
_____
_____
_____
_____
_____

29 ABRIL

FAZEM-SE MUITOS ERROS NAS REDAÇÕES.

O caçador atirou na caça, a bala voltou e matou o caçador. Era, portanto, o dia da caça. Erros são cometidos, praticados, não elaborados, feitos, até porque ninguém tem a intenção de errar. Faça-se o seguinte: Cometem-se muitos erros nas redações.

CRISE DO CALÇADO PROVOCA GRANDE VOLUME DE DESEMPREGADOS.

As consequências das crises são muitas vezes trágicas, mas nunca foram capazes de tirar dos trabalhadores a condição de seres humanos, como insinuou o analista, que transformou os abnegados trabalhadores da indústria do calçado em volumoso conjunto de desempregados. Esclareça-se que não se deve empregar a palavra *volume* para referir seres vivos, muito menos humanos, mas apenas para mercadorias. Corrija-se a ofensa: Crise do calçado provoca grande número de desempregados.

Espaço para suas experiências (o que você quiser registrar)

30 ABRIL

A OBSERVAÇÃO DAS LEIS É IMPORTANTE.

É sim. Como também é importante cumprir as leis que regem nosso idioma, que, no caso, não foram sequer observadas, muito menos cumpridas. A palavra *observação* tem muitos significados, mas nunca o de *observância*, isto é, de cumprimento, de execução fiel. Portanto: A observância (ou cumprimento) das leis é importante.

O PRESIDENTE É MUITO VIAJADO.

Expressão popular, da linguagem oral, *ser viajado* acaba invertendo as coisas. O autor da ação de viajar passa a ser efeito, e vice-versa. O leitor entende, é certo, mas não deixará de entender se o colunista atribuir a cada palavra seu legítimo sentido. Assim, por exemplo: O Presidente viaja muito.

Espaço para suas experiências (o que você quiser registrar)

_____
_____
_____
_____
_____
_____
_____
_____
_____
_____

MAIO

Crase: conceito 1
Crase – Truques (1) 1
Crase – Truques (2) 2
Crase – Casos que requerem atenção (1) 2
Crase – Casos que requerem atenção (2) 3
Crase – Casos que requerem atenção (3) 4
Crase – Casos que requerem atenção (4) 5
Crase – Casos que requerem atenção (5) 6
As vezes / Às vezes 6
O pretendido crime teria ocorrido no ano passado 7
Sanção X Sanção 7
Calculadora X Calculador X Calculista 8
O espaço é condizível com o porte da empresa. 8
O plano precisa do apoiamento de toda a sociedade 9
O interventor sanou as finanças da cooperativa 9
As empresas modernas precisam agudizar suas ações 10
As empresas precisam ser rentabilizadas 10
As organizações precisam evitar a sucatização 11
Ele até tem coisas boas 11
Diálogo na escola 12
Pedro é político, mas é boa gente 12
Primeira-dama 13
Dedo-duro 13
Bem-vindo 14
O prédio tem pé-direito alto 14
A atriz escreveu sua própria autobiografia 15
Pronto atendimento rápido 15
É um círculo vicioso sem fim 16
Aquela é a viúva do falecido 16

Treinador só escalará a equipe antes do jogo 17
Puro mel de abelhas..17
Nada mais havendo a tratar, renovamos nossos protestos
da mais alta estima e distinta consideração................................18
Ela tem bela caligrafia 19
A ortografia está correta 19
O autor vai muito mais além 20
É um caco feio..20
Loção de barba para homens 21
A nomeação é muito legítima..21
Útero materno..22
Piso salarial mínimo 22
Teto salarial máximo..23
Check-up geral 23
Almirante da Marinha 24
As duas instituições coexistem simultaneamente 24
A morte chega de repente, às vezes de forma inesperada.............25
Assinar embaixo 25
Cometeu autossuicídio 26
O acusado é advogado formado em Direito............................26
Como será meu futuro daqui pra frente? 27
A situação que encontrei me comoveu de emoção 27
Está caindo uma garoa fina..28
É mais preferível...28
A Secretária revidou contra críticas do Deputado...................29
Governador assume com o compromisso de governar.............29
O sindicalista compactuou com os infratores..........................30
Adega de bebidas..30
Compartem um apartamento em comum 31
Se presentes, os desinfetantes tornariam a vacinação ineficaz.......31

1 MAIO

CRASE: CONCEITO

Crase é a soma de **a + a**. Em vez de grafar duas vezes a letra *a*, convencionou-se escrevê-la uma vez só, mas com a marca do acento grave: à. Para entender melhor a questão, é útil fixar as funções que o *a* pode cumprir na língua portuguesa; são três: preposição, artigo e pronome. A crase só existirá se o *a* estiver cumprindo duas dessas três funções. O caso mais comum é o da fusão da preposição *a* com o artigo feminino *a*.

TRUQUES (1)

Se a palavra que se seguir ao *a* for masculina, não poderá haver crase, porque o artigo seria *o*, e não *a*, não ocorrendo, portanto, a fusão. A partir dessa lógica, aplica-se um truque bem prático: trocar a palavra feminina por uma masculina de sentido igual ou semelhante; se a troca resultar em *ao* (ou, no plural, *aos*), haverá crase; caso contrário, não.

Exemplo:

> A afirmação se refere **a** vida pregressa do réu – A afirmação se refere ao passado do réu. Como da troca resultou *ao*, é caso de crase; portanto: A afirmação se refere **à** vida pregressa do réu.

Espaço para suas experiências (o que você quiser registrar)

_____
_____
_____
_____
_____

2 MAIO

CRASE – TRUQUES (2)

Outro truque consiste em trocar o *a* por *para* (preposição correspondente); caso a troca resulte em *para a*, crase há, porque significa termos preposição e artigo; resultando em apenas *para*, é porque falta o artigo para caracterizar a crase.

> Logo mais irei **a** casa de um amigo – Logo mais irei para a casa de um amigo. Como resultou em *para a*, crase há; portanto: Logo mais irei à casa de um amigo.
> Logo mais irei **a** casa – Logo mais irei para casa. Neste exemplo, a troca mostra que há apenas a preposição, faltando o artigo. Portanto, não é caso de crase.

Dica: Em função de ser mais abrangente, recomendo que se use sempre o primeiro truque, reservando o segundo apenas para o *a* que se encontre diante da palavra *casa*, que com o sentido de *lar* não admite crase.

CRASE – CASOS QUE REQUEREM ATENÇÃO (1)

Em que pese a precisão desses truques, há casos que requerem atenção especial em função das particularidades que os cercam.

Quando se trata de nomes geográficos, em que o *a* indica direção, recomendo o uso de outro truque: trocar o verbo da frase por *vir*; resultando em *vir da*, crase há; se resultar em *vir de*, crase para quê?

Exemplos:

> Vou **a** Brasília – Venho **de** Brasília (não há crase).
> Vou **à** Bahia – Venho **da** Bahia (há crase).
> Fui **à** Brasília do Palácio do Planalto – Vim **da** Brasília do Palácio do Planalto (há crase).
> Viajei **a** Roma – Vim **de** Roma (não há crase).
> Viajei **à** Roma dos Papas – Vim **da** Roma dos Papas (há crase).

CRASE – CASOS QUE REQUEREM ATENÇÃO (2)

3 MAIO

Para efeitos de crase, deve-se sempre considerar o que estiver subentendido. Caso frequente é a expressão à maneira de, subentendida antes de nomes próprios:

> Este jurista escreve **à** Pontes de Miranda (à maneira de Pontes de Miranda).
> Ele veste **à** Luís XV (à maneira de Luís XV).

Com os pronomes pessoais (retos, oblíquos e de tratamento) nunca há crase:

> Requeiro **a** Vossa Excelência a absolvição do réu.
> Disse **a** ela que não viria.

Com os pronomes indefinidos, interrogativos e demonstrativos não iniciados por *a* nunca há crase:

> Refiro-me **a** esta ação.
> A qual dos processos V. Exa. se refere?

Espaço para suas experiências (o que você quiser registrar)

_____
_____
_____
_____
_____
_____
_____

4 MAIO

CRASE – CASOS QUE REQUEREM ATENÇÃO (3)

Com os pronomes demonstrativos iniciados por *a* (aquele, aquela, aquilo, aqueloutro, aqueloutra – tanto no singular quanto no plural), recomendo truque específico: trocar o pronome por um demonstrativo não iniciado por *a*; caso resulte em forma que tenha a preposição *a*, há crase; caso contrário, não:

> Refiro-me **àquele** autor (a este).
> Disse-me **aquele** senhor (este).

Com os pronomes possessivos femininos, o uso do acento indicativo de crase é opcional:

> Ele disse **a/à** minha irmã.
> O réu dirigiu-se **a/à** sua advogada.

Com os pronomes relativos não há crase, com exceção de **a qual** e **as quais**:

> Esta é a ação **a** que te referes.
> Esta é a ação **à qual** te referes.
> É a obra a cuja consecução tanto ele se dedica.

Espaço para suas experiências (o que você quiser registrar)

_____
_____
_____
_____
_____

CRASE – CASOS QUE REQUEREM ATENÇÃO (4)

5 MAIO

Diante dos numerais cardinais, só pode haver crase na indicação de horas:

> Das 14 **às** 17 horas.
> Chegou ao tribunal **à** 1 hora.
> De 2 **a** 10 de março.

Diante dos dias da semana, use o truque da troca por palavra masculina (sábado ou domingo):

> De segunda **a** sexta (**a** sábado).
> Das segundas às sextas (**aos** sábados).

Nunca há crase no **a** que está entre palavras repetidas:

> Frente **a** frente.
> Dia **a** dia.

Os pronomes demonstrativos **a** e **as** exigem o acento indicativo de crase quando o verbo ou o nome regerem a preposição **a**:

> Assisti às aulas do dia, menos **às** de Direito Comercial.
> Ela está inclinada às corridas de cavalo, mas não **às** de carro.

Espaço para suas experiências (o que você quiser registrar)

_____
_____
_____
_____

6 MAIO

CRASE – CASOS QUE REQUEREM ATENÇÃO (5)

Usa-se acento indicativo de crase em todas as locuções adverbiais e prepositivas femininas iniciadas por **a**: à distância, à míngua, à risca, à revelia, à força, à francesa, às ocultas, à escuta, à espera de, à procura de, à vontade, às pressas, às braçadas, às claras, às escuras, às avessas, à toa, à boca cheia, à parte, à paisana, à tarde, à noite, à guisa de, às segundas-feiras, às 14 horas, à vista, etc.

AS VEZES / ÀS VEZES

É essencial verificar se é realmente locução adverbial ou prepositiva, ou se o *a* inicial é simples artigo anteposto ao substantivo. É o caso desta expressão. Sempre que estiver em uso com o sentido de *de vez em quando*, trata-se de locução adverbial, grafando-se com acento indicativo de crase: Às vezes eles se enganam; sem o acento, é quando a expressão faz companhia ao verbo *fazer*: O sofá faz as vezes de cama; ou com o sentido de *quando*: Todas as vezes que venho aqui.

Espaço para suas experiências (o que você quiser registrar)

_____
_____
_____
_____
_____
_____
_____
_____

7 MAIO

O PRETENDIDO CRIME TERIA OCORRIDO NO ANO PASSADO.

Afinal, o crime era pretendido, de fato ocorreu, ou era suposto, fictício? Com certeza, o repórter policial quis informar que não se sabia ao certo se o crime acontecera, mas acabou em pecado ao trocar *pretenso* por *pretendido*. Caso pretenda melhorar sua condição de redator, deverá corrigir a frase: O pretenso crime teria ocorrido no ano passado.

SANÇÃO X SANÇÃO

Derivada do latim *sanctione* (ato que torna santo, respeitado), a palavra *sanção* acabou assumindo dois sentidos opostos: de um lado, significa aprovação, promulgação; de outro, punição, pena. *Sancionar*, no entanto, tem apenas o sentido positivo de aprovar, promulgar.

Espaço para suas experiências (o que você quiser registrar)

_____
_____
_____
_____
_____
_____
_____
_____
_____

8 MAIO

CALCULADORA X CALCULADOR X CALCULISTA

São palavras que volta e meia causam dúvida e que acabam tendo seu uso mal calculado, exigindo uma explicação: *calculadora* refere-se tanto à mulher quanto à máquina que calcula; *calculador* e *calculista* são sinônimos, designando a função de quem calcula; tratando-se de mulher, pode-se escolher entre *calculadora* e *calculista*. Também se usa *calculista* para se referir a alguém detalhista, preciso.

O ESPAÇO É CONDIZÍVEL COM O PORTE DA EMPRESA.

Enquanto isso, a linguagem não condiz com o porte da grande organização. Empresas desse porte merecem melhor trato. *Condizível* é neologismo de mau gosto, devendo-se preferir o velho e bom *condizente*.

Espaço para suas experiências (o que você quiser registrar)
___
___
___
___
___
___
___
___
___
___
___

9 MAIO

O PLANO PRECISA DO APOIAMENTO DE TODA A SOCIEDADE.

Como se apoio fosse pouco, o economista, apoiado no mau exemplo de outros pecadores, usou *apoiamento*, palavra que nada acresce a *apoio*, mais curta, mais enfática e mais conhecida. Deve-se inovar quando há necessidade de melhorar.

O INTERVENTOR SANOU AS FINANÇAS DA COOPERATIVA.

Agora só falta sanear a frase. Quando nos referimos à saúde financeira, devemos preferir o verbo *sanear*, deixando *sanar* para a área da saúde pessoal. Assim teremos instituições e frases sãs, como esta: O interventor saneou as finanças da cooperativa.

Espaço para suas experiências (o que você quiser registrar)

_____
_____
_____
_____
_____
_____
_____
_____
_____
_____
_____
_____
_____

10 MAIO

AS EMPRESAS MODERNAS PRECISAM AGUDIZAR SUAS AÇÕES.

Enquanto isso, o agudo consultor de empresas precisa tomar cuidado com certos neologismos desnecessários, para não dizer ridículos. Por que *agudizar*, se temos *aguçar* e *tornar agudo*? Não gostou? Use sinônimos: *agredir, ser agressivo, impor-se,* etc. Claro que a frase tem que ser adaptada aos novos termos. Se gostou, mude a frase: As empresas modernas precisam aguçar (ou tornar agudas) suas ações.

AS EMPRESAS PRECISAM SER RENTABILIZADAS.

A linguagem também tem que ser boa para ser rentável. Frases contendo neologismos ridículos nada rendem de positivo. *Rentabilizar* – daí *rentabilizadas* – é mais um desses casos, devendo-se mudar para *rentáveis*. Assim: As empresas precisam ser rentáveis (ou tornadas rentáveis).

Espaço para suas experiências (o que você quiser registrar)

11 MAIO

AS ORGANIZAÇÕES PRECISAM EVITAR A SUCATIZAÇÃO.

De *sucata* a *sucatização* ou *sucatação* existe apenas um passo. Um passo fatal, é verdade, pois são palavras inexistentes. A ação de transformar em sucata é *sucatagem*. Portanto: As organizações precisam evitar a sucatagem.

ELE ATÉ TEM COISAS BOAS.

Conclui-se desta frase que o personagem não é recomendado, não é dos melhores. Mas, onde está dito isso? Uma coisa é certa: não está nas palavras; pelo contrário, se "tem coisas boas", é bom, é recomendado... Não é, porém, o que se entende da frase. Como explicar isso? A única coisa que se sabe é que a palavra *até* encaminhou o significado para o lado oposto do restante da frase. No entanto, o que importa nas comunicações é o que se entende, e não o que se diz.

Espaço para suas experiências (o que você quiser registrar)

_____
_____
_____
_____
_____
_____
_____
_____
_____
_____

12 MAIO

DIÁLOGO NA ESCOLA

Observe este diálogo entre o pai do aluno e a orientadora educacional da escola:

– *Meu filho é bom em Matemática?*
– *Seu filho tem excelente redação.*

Não está dito na resposta da orientadora educacional, mas infere-se claramente que o filho não é bom em Matemática. Tudo porque, em vez de responder a pergunta do pai, a orientadora desviou a conversa para outra área, para não dizer algo que pudesse desagradar o pai.

PEDRO É POLÍTICO, MAS É BOA GENTE.

Entende-se desta frase que os políticos não são boa gente, o que não está no texto. Mas, o que importa se todos entendem isso? Desta vez quem fez o estrago foi a conjunção *mas*; e que estrago!

Espaço para suas experiências (o que você quiser registrar)

___
___
___
___
___
___
___
___
___

13 MAIO

PRIMEIRA-DAMA

Para que ninguém pense haver referência à dama mais velha do município, do estado ou do país, ou ainda da primeira mulher ali nascida, mas à esposa da maior autoridade, é que se marca a alteração do sentido com o emprego do hífen.

DEDO-DURO

Por lembrar o gesto do dedo indicador, que *indica*, o delator é popularmente mencionado pela expressão *dedo-duro*. Por mais que alguém possa delatar (denunciar) seus semelhantes, não se consegue imaginar que consiga andar sempre de dedo duro, a não ser que tenha sido vítima de acidente, caso em que, aí sim, a grafia seria sem hífen: *dedo duro*.

Espaço para suas experiências (o que você quiser registrar)

14 MAIO

BEM-VINDO

Neste caso, a alteração de significado é sutil. Antes que alguém pense sobre a origem do bem que veio (= *bem vindo de onde?*), a expressão deve ser grafada com hífen, fato raro nos acessos principais das cidades brasileiras, que assim, pelo menos em matéria de grafia, recebem mal os visitantes, pois o fazem de forma errada: *benvindo* ou *bem vindo*... Até mesmo a forma correta – *bem-vindo* – é às vezes encontrada.

O PRÉDIO TEM PÉ-DIREITO ALTO.

Mas prédio tem pé? Em vez de ser alto, não seria mais seguro se fosse largo? Nada disso. Na verdade, a palavra *direito* tem aqui o sentido de reto, ou seja, do pé ao teto, em sentido reto, direto. Novamente, usando o hífen, o leitor fica alertado para essa mudança de significado. Assim: O prédio tem pé-direito alto.

Espaço para suas experiências (o que você quiser registrar)

___
___
___
___
___
___
___
___

A ATRIZ ESCREVEU SUA PRÓPRIA AUTOBIOGRAFIA.

Por melhor e mais reveladora que seja, por mais íntima, subjetiva e comprometedora, nada autoriza tantas redundâncias. O prefixo *auto* já contém o sentido de *sua* e de *própria,* palavras inúteis, portanto, para a mensagem. Por isso, basta informar: A atriz escreveu a autobiografia.

PRONTO ATENDIMENTO RÁPIDO

"A propaganda é a alma do negócio", é certo, mas o exagero nas promessas leva o consumidor a desconfiar: "Dize-me o que tens, e te direi o que te falta". Todo pronto atendimento é rápido por definição, pois esse é o sentido da palavra *pronto*. Portanto, deve-se optar: Pronto atendimento; ou: Atendimento rápido.

Espaço para suas experiências (o que você quiser registrar)

_____
_____
_____
_____
_____
_____
_____
_____
_____

16 MAIO

É UM CÍRCULO VICIOSO SEM FIM.

Também o uso de redundâncias parece ter entrado em círculo vicioso, do qual alguns redatores não conseguem sair, exatamente porque não tem fim, característica implacável de qualquer círculo. Anda-se sempre pelos mesmos lugares e não se consegue sair. Portanto, basta dizer: É um círculo vicioso.

AQUELA É A VIÚVA DO FALECIDO.

Se é viúva, só pode ser do falecido. Não cabe a argumentação de que poderia ser viúva de outro falecido, porque está em questão a viúva daquele falecido. Se houvesse a intenção de se referir à de outro falecido, haveria a necessidade de nominá-lo.

Espaço para suas experiências (o que você quiser registrar)

_____
_____
_____
_____
_____
_____
_____
_____
_____
_____
_____
_____
_____
_____

TREINADOR SÓ ESCALARÁ A EQUIPE ANTES DO JOGO.

É claro! Não o faria depois do jogo, porque não teria contra quem jogar.
Como está, a frase é vazia de sentido. Provavelmente, seu autor quisesse informar: O treinador só escalará a equipe momentos antes do jogo.

PURO MEL DE ABELHAS

Aí está exemplo *lambuzado* de redundâncias. Como não se conhece mel – legítimo, é claro – que não seja de alguma espécie de abelhas, a frase contém redundância. Elimine-se, portanto, *de abelhas,* restando *mel puro*. Como nossas amiguinhas só fazem produto puro, pode-se eliminar também *puro*. Assim, *mel* diz tudo o que se quer. Como se vê, é mais uma questão de honestidade que de língua portuguesa.

Espaço para suas experiências (o que você quiser registrar)

17 MAIO

18 MAIO

NADA MAIS HAVENDO A TRATAR, RENOVAMOS NOSSOS PROTESTOS DA MAIS ALTA ESTIMA E DISTINTA CONSIDERAÇÃO...

Para completar a ladainha, faltou algo essencial: *Assim seja,* ou, preferindo, *Amém.* Se nada mais há a tratar, falta apenas encerrar a carta. Conversa fiada, mentiras, declarações de amor, amizade, *massagens,* etc. serão, no mínimo, inoportunas. Com um pouco de reflexão e outro tanto de pudor com a nossa inteligência, concluímos com facilidade que, se temos tanta estima e consideração com alguém, cabe-nos alcançar forma mais original, criada por nós. Outra coisa: misturar *protestos* com tanta amabilidade é um paradoxo contra o qual leitores inteligentes *protestam.* Como até prova em contrário todos são inteligentes, o feitiço certamente virará contra o feiticeiro... Parece muita pretensão querer que o leitor, depois de tantas ofensas, acredite nas boas intenções do mensageiro.

Como fazer? Que modelo adotar? Não se podem adotar modelos fixos de introdução e de despedida de cartas, sob pena de consagrarmos novos chavões, sempre condenáveis em comunicação moderna. Qualquer boa solução depende do teor, das circunstâncias, do destinatário e de outras muitas variantes. Muitas são as maneiras de sermos claros, objetivos e concisos sem ferir a cortesia. Por fugir dos objetivos deste livro, recomenda-se ao leitor que busque orientação em outra obra: *Manual de Redação Oficial,* de Paulo Flávio Ledur, Editora AGE, Porto Alegre.

Espaço para suas experiências (o que você quiser registrar)

_____
_____
_____

19 MAIO

ELA TEM BELA CALIGRAFIA.

E o autor da frase perdeu uma bela ocasião para não ser redundante, pois deveria saber que em *cali* já se expressa a ideia de belo, de qualidade. O melhor mesmo é ficar no *feijão com arroz*: Ela tem bela letra.

A ORTOGRAFIA ESTÁ CORRETA.

Acreditem que sim. Toda ortografia é correta por definição. Acontece que *orto* tem o sentido de *correto,* de *correção,* como em *ortopedia.* Então só falta corrigir a frase, eliminando a redundância: A grafia está correta.

Espaço para suas experiências (o que você quiser registrar)

_____
_____
_____
_____
_____
_____
_____
_____
_____
_____
_____
_____
_____

20 MAIO

O AUTOR VAI MUITO MAIS ALÉM.

Deve ser uma viagem sem fim. Para onde será que ele vai? Na verdade, trata-se de mais uma redundância, pois *além* já carrega consigo o sentido de *mais*, tornando esta palavra desnecessária. Então, para que o leitor não desconfie, é melhor não exagerar e dizer simplesmente: O autor vai muito além.

É UM CACO FEIO.

Todo caco é feio por definição, como ocorre em *cacofonia* (som feio). Além de redundante, o autor da frase foi desumano ao extremo, pois exagerou com a desgraça alheia. Por isso mesmo o castigo veio pronto, pois sua frase virou um caco. Portanto, para não exagerar, diga-se simplesmente: É um caco.

Espaço para suas experiências (o que você quiser registrar)

21 MAIO

LOÇÃO DE BARBA PARA HOMENS

Informação encontrada em rótulo de loção de barba, denuncia a existência de produto similar para mulheres.

Assim como não existe batom destinado especificamente a homens, também não há loção de barba própria para mulheres, bastando informar: Loção de barba. Além de escapar da redundância, o fabricante não submeterá as mulheres necessitadas ao constrangimento de usarem produto exclusivamente masculino...

A NOMEAÇÃO É MUITO LEGÍTIMA.

O defensor da nomeação do amigo exagerou na dose. A legitimidade não pode ser dosificada; é ou não é. Assim como a mulher não pode estar muito grávida, a nomeação não pode ser muito legítima. Para preservar a legitimidade da afirmação, diga-se: A nomeação é legítima.

Espaço para suas experiências (o que você quiser registrar)

_____
_____
_____
_____
_____
_____
_____
_____
_____

22 MAIO

ÚTERO MATERNO

Como Deus não quis e a ciência ainda não conseguiu desenvolver útero paterno, convém ser conciso e não perder tempo, dizendo apenas: útero.

PISO SALARIAL MÍNIMO

Piso é piso, ou seja, onde se pisa. Abaixo disso ninguém põe o pé. Pode-se rebaixá-lo, constituindo-se novo piso, mas continua sendo piso. Aplicando-se o conceito aos salários dos trabalhadores, o fato de se acrescentar *mínimo* ao piso salarial em nada diminui a remuneração de quem trabalha, sendo redundante. Assim, diga-se apenas: Piso salarial.

Espaço para suas experiências (o que você quiser registrar)

23 MAIO

TETO SALARIAL MÁXIMO

Ninguém ultrapassa impunemente os limites do teto. A situação é bem melhor que no caso anterior, mas do ponto de vista semântico passa-se o mesmo. Quando se fala em teto salarial, já se sabe que se fala no máximo, não sendo necessário repetir essa ideia. Por isso, basta: Teto salarial.

CHECK-UP GERAL

Em Medicina nada é mais geral que um *check-up*. Por isso mesmo e para manter a saúde do idioma, diga-se apenas: *Check-up*.

Espaço para suas experiências (o que você quiser registrar)

24 MAIO

ALMIRANTE DA MARINHA

A hierarquia militar no Brasil tem terminologia própria em cada arma. Assim, todo Almirante é da Marinha, assim como o Brigadeiro é da Aeronáutica e o General, do Exército. Portanto, *Almirante da Marinha, Brigadeiro da Aeronáutica* (ou *do Ar*), ou *General do Exército* são expressões redundantes, bastando dizer: *Almirante, Brigadeiro, General.* O que existe no Exército são três categorias de General: *General de Brigada, General de Divisão* e *General de Exército*. Observe o leitor que é *de* e não *do* Exército. Em alguns países, o título de General é utilizado nas três armas.

AS DUAS INSTITUIÇÕES COEXISTEM SIMULTANEAMENTE.

O prefixo *co* garante a ideia de simultaneidade. Repetir essa ideia é redundância, bastando dizer: As duas instituições coexistem. Ou: As duas instituições existem simultaneamente.

Espaço para suas experiências (o que você quiser registrar)

_____
_____
_____
_____
_____
_____
_____
_____

25 MAIO

A MORTE CHEGA DE REPENTE, ÀS VEZES DE FORMA INESPERADA.

As redundâncias também surgem de repente, ou seja, de forma inesperada.
O que não se pode é repetir a mensagem, devendo-se escolher: A morte chega de repente. Ou: A morte chega de forma inesperada. Assim, não estaremos estendendo ao idioma a única certeza de quem vive: a morte.

ASSINAR EMBAIXO

O padrão é que se assine embaixo. Basta, portanto, dizer *assinar*. Na eventualidade de se assinar em outro lugar – em cima, do lado... –, então, sim, se deve alertar: Assinar em cima, do lado...

Espaço para suas experiências (o que você quiser registrar)

_____
_____
_____
_____
_____
_____
_____
_____
_____
_____
_____

26 MAIO

COMETEU AUTOSSUICÍDIO.

Referindo-se ao fato de o artista haver se descuidado da saúde, o colunista exagerou na redundância, como se fosse possível cometer suicídio duas vezes... *Auto* já está expresso em *sui*. Portanto: *Cometeu suicídio*. Chega que já tenham consagrado a redundância em relação ao verbo *suicidar-se*: *Fulano suicidou-se*. O pronome reflexivo *se* seria desnecessário, pois a ideia por ele expressa já se encontra em *sui*; no entanto, o uso da dupla reflexividade (*sui* + *se*) consagrou-se a tal ponto que, se alguém disser que o suicida suicidou, não faltará quem pergunte: mas suicidou a quem? Não esqueçamos que a língua se constrói também pelo uso.

O ACUSADO É ADVOGADO FORMADO EM DIREITO.

E o repórter é jornalista formado em Jornalismo. Brincadeiras à parte, diga-se que esse é um dos descuidos mais comuns da comunicação: definir o que já está definido. Na prática do Direito, por exemplo, não se admite advogado que não seja formado em Direito. Por isso, diga-se simplesmente: O acusado é advogado. Ou: O acusado é formado em Direito.

Espaço para suas experiências (o que você quiser registrar)

27 MAIO

COMO SERÁ MEU FUTURO DAQUI PRA FRENTE?

Autores de frases assim não podem esperar muito de seu futuro, a não ser que se corrijam. Ao pensarem como *foi seu passado daqui pra trás,* não encontrarão forças *daqui pra frente, rumo ao futuro...* Espera-se que daqui pra frente se corrijam: Como será meu futuro?

A SITUAÇÃO QUE ENCONTREI ME COMOVEU DE EMOÇÃO.

Apesar disso, o comovido orador não comoveu os presentes, que se deram conta da redundância. Talvez tivesse alcançado seu objetivo com a redução da frase: A situação que encontrei me comoveu.

Espaço para suas experiências (o que você quiser registrar)

_____
_____
_____
_____
_____
_____
_____
_____
_____
_____

28 MAIO

ESTÁ CAINDO UMA GAROA FINA.

Pelo que se sabe, toda garoa é fina, não havendo necessidade de tão fina redundância. Ou será que alguém já assistiu a alguma garoa torrencial? Portanto: Está caindo garoa. Ou, melhor: Está garoando.

É MAIS PREFERÍVEL.

A palavra *preferível* já contém o sentido comparativo indicativo de preferência. Por isso, *mais* é apenas mais um exagero. Basta dizer: É preferível.

Espaço para suas experiências (o que você quiser registrar)

_____
_____
_____
_____
_____
_____
_____
_____
_____
_____
_____
_____
_____
_____

29 MAIO

A SECRETÁRIA REVIDOU CONTRA CRÍTICAS DO DEPUTADO.

Por mais áspero que possa ser o revide, não pode ele conter pecado contra a língua. Não se revida a favor; será sempre contra. Por isso, para não ser redundante, basta *revidar*. O resto é rancor para com algo que nada tem a ver com o assunto: a língua portuguesa. Deve-se dizer: A Secretária revidou críticas do Deputado.

GOVERNADOR ASSUME COM O COMPROMISSO DE GOVERNAR.

Manchete de jornal, baseada em afirmação mal interpretada que registrou o que todos já sabiam. Para que assumiria? Para não governar? Para ser governado?

Espaço para suas experiências (o que você quiser registrar)

30 MAIO

O SINDICALISTA COMPACTUOU COM OS INFRATORES.

Todo pacto é feito entre duas ou mais partes. Faço-o *com* alguém. O mesmo acontece com o verbo *pactuar*. Pactua-se *com* alguém. Portanto, o verbo *compactuar* não precisaria existir, muito menos *compactuar com*, porque seria *pactuar com com*. Livrar o sindicalista do embaraço extrapola os limites das nossas chinelas, mas melhorar a frase é obrigação: O sindicalista pactuou com os infratores.

ADEGA DE BEBIDAS

Já que não se conhecem adegas que não sejam de bebidas, basta dizer: Adega. O resto o leitor já sabe, não se devendo ofendê-lo.

Espaço para suas experiências (o que você quiser registrar)

31 MAIO

COMPARTEM UM APARTAMENTO EM COMUM.

Quando se diz *compartir,* o prefixo *com* esclarece explicitamente a ideia de comunhão, sendo por isso redundante e ofensivo à inteligência do leitor repetir essa informação com a expressão *em comum.* A frase seria mais concisa e enfática assim: Compartem um apartamento.

SE PRESENTES, OS DESINFETANTES TORNARIAM A VACINAÇÃO INEFICAZ.

Se ausentes, é claro que os desinfetantes não afetariam a vacinação, razão pela qual a expressão *se presentes* nada acrescenta à frase, devendo ser retirada por inutilidade. Verifique o leitor: Os desinfetantes tornariam a vacinação ineficaz.

Espaço para suas experiências (o que você quiser registrar)

_____
_____
_____
_____
_____
_____
_____
_____
_____
_____

ANOTAÇÕES DE MAIO E/OU JUNHO

JUNHO

Pontuação 1
Marcas de encerramento de frase (1) 1
Marcas de encerramento de frase (2) 2
Os sinais internos (1) 3
Os sinais internos (2) 4
Os sinais internos (3) 5
Os sinais internos (4) 6
Funções da vírgula (1) 7
Funções da vírgula (2) 8
Funções da vírgula (3) 9
Funções da vírgula (4) 10
A vírgula de elipse 11
Quem lê, sabe o caminho. 12
Vírgula antes de "etc." 13
O misterioso ponto e vírgula (1) 13
O misterioso ponto e vírgula (2) 14
O misterioso ponto e vírgula (3) 15
Vírgula não prevista nas normas 16
Dúvida que agrada 16
Não digam a verdade 17
Não fumem por favor 17
Maria toma remédio e sua mãe diz ela é veneno 18
Não vá gastar demais, meu filho 18
Vamos pintar gente 19
O Rio Grande somos nós 19

Amanhã pensamos nisso certo? 20
O fazendeiro tinha um bezerro e a mãe do fazendeiro
era também o pai do bezerro 20
O outro disse que era um tubo que se movia e
assim sucessivamente 21
As questões são aquelas, cujos conteúdos estão no livro 22
São ações que ferem a lei, configurando assim, crime grave 22
Os bens do casal estão relacionados na declaração
do esposo Paulo 23
Baseado em que doutor? 23
Essas medidas proporcionam segurança e além disso,
eliminam desperdícios 24
Bem doutor 24
Diga alguma coisa mãe 25
A partir das duas horas, quero ver todos com farda impecável
e sobretudo na chegada do General 25
Depois o psicólogo com poucas palavras, inicia o inquérito 26
Deve ficar bem claro para o examinando, que não se trata
de uma tomada de contas 26
Se porém, ela não comparecer, perderá seus direitos 27
O regulamento estabelece como critério, que nesse caso
os dois se classificam 27
Assim, pode-se sem margem de erro, optar por essa solução 28
A seleção natural, anterior à profissional ainda predomina 28
Maria Lúcia da Portela é a Rainha do Carnaval 29
Carmela de Portugal foi a vencedora 29
O examinando diante do estímulo desencadeia seu
processo perceptivo 30
Disputa Jair 30

PONTUAÇÃO

A pontuação é recurso importante, mas perigoso. Quem escreve precisa dominar por completo as funções e o significado de cada símbolo, sem deixar de levar em conta o contexto em que é usado; pode atribuir extraordinário vigor ao sentido que se quer expressar, como pode destruí-lo. É difícil pontuar? Sim, porque envolve o domínio completo da estrutura frasal, da forma de conexão entre elementos e partes do texto e, sobretudo, do exato significado que se pretende dar à frase.

MARCAS DE ENCERRAMENTO DE FRASE (1)

Comecemos pelos sinais que marcam o fim das frases. São eles o ponto-final, o ponto de exclamação, o ponto de interrogação e as reticências. Qualquer frase tem seu encerramento marcado por um desses sinais, que servem de aviso para o leitor: a frase acabou. Entre todos os sinais, estes me parecem ser os de mais fácil uso. Vejamos:

Ponto-final: na prática, o uso deste sinal se dá por eliminação; não sendo caso de reticências, nem de exclamação ou interrogação, só nos resta o ponto-final para marcar o encerramento da frase.

Reticências: são usadas para indicar suspensão, interrupção do pensamento, não importando a razão. Claro, é preciso considerar que o leitor entenderá. Exemplo: Vai fazer concurso? Então, estuda, ou...

Ponto de interrogação: é muito fácil identificar se uma frase é ou não interrogativa; assim, seu emprego é igualmente fácil, bastando estar atento ao que se pretende comunicar.

2 JUNHO

MARCAS DE ENCERRAMENTO DE FRASE (2)

Ponto de exclamação: é usado para dizer ao leitor que ele deve exclamar, bradar ou manifestar qualquer sentimento, que pode ser de espanto, tristeza, alegria, dor, ironia, estranheza, raiva, entre outros. Não havendo a presença de algum sentimento, é certo que não cabe ponto de exclamação. Aliás, a banalização de seu uso acaba com a qualidade de qualquer texto.

O significado das formas de exclamação extrapola o limite da semântica, isto é, do sentido das palavras, e ingressa na pragmática, ou seja, no sentido que advém do contexto. A própria formação da palavra *exclamar* (ex = para fora; clamar = chamar com vigor) denuncia seu significado: externar com vigor, com força.

Todas as palavras, expressões ou frases usadas para exclamar têm em seu final um ponto de exclamação, elemento que caracteriza para o leitor a intenção de exclamar, de dizer com força, com emoção, com ironia ou com qualquer outro sentimento que as palavras sozinhas não conseguem expressar. Aliás, a mudança na leitura oral se dá desde o início das frases exclamativas.

Existem muitas palavras cujo significado varia de acordo com o contexto. *Tão*, por exemplo, pode ser elemento usado em comparações: *tão inteligente quanto astuto*. Pode também ser recurso a ser usado nas exclamações: *Ele é tão esperto!* Neste último exemplo, o uso do ponto de exclamação é imprescindível; não seria no caso de se trocar por *muito*: *Ele é muito esperto*.

Recomendo parcimônia no uso do ponto de exclamação, que somente se justifica quando há a clara intenção de expressar exclamando e de interferir no significado, devendo ser harmonizado com palavras adequadas.

OS SINAIS INTERNOS (1)

3 JUNHO

Travessão: uma espécie de barra horizontal, o travessão é frequentemente confundido na prática com o hífen, que, por sua vez, não é sinal de pontuação, mas marca de grafia de palavras compostas ou prefixadas. Há duas características gráficas que distinguem os dois sinais: além de ser maior que o hífen, no travessão deixa-se espaço antes e depois, enquanto no hífen não se deixa espaço.

Também as funções dos dois sinais são distintas: enquanto o hífen separa elementos de uma palavra composta, o travessão, como sinal de pontuação, separa palavras completas ou conjuntos de palavras.

O travessão é usado para indicar o início da fala e seu encerramento quando o narrador prossegue: *– Como vai? – Perguntou a moça.* Como o travessão já marca a fala de alguém numa narrativa, é redundante colocar essa fala entre aspas, sem contar que isso causa grave prejuízo estético ao texto; para essa finalidade, em alguns meios ainda se usa travessão em tamanho maior. Num diálogo, o travessão marca a mudança de interlocutor.

Em lugar das vírgulas que marcam intercalações ou deslocamentos dentro da frase: *Qualquer advogado experiente – e não precisaria estar muito atento – notaria seu disfarce.* Quando a vírgula coincidir com o início da expressão colocada entre travessões, ela é transferida para depois do segundo travessão: *Para ser advogado – advogado dos bons –, é necessário perspicácia.* Nesse exemplo, caso se retirassem os travessões, ficariam as duas vírgulas: *Para ser advogado, advogado dos bons, é necessário perspicácia.* Observe-se que sem os travessões a frase perde em ênfase. Então, aí vai uma dica: se houver intenção de enfatizar, é indicado o uso dos travessões em vez das vírgulas.

4 JUNHO

OS SINAIS INTERNOS (2)

Aspas: as aspas são usadas com variados objetivos:

a) Para distinguir palavras ou expressões estranhas ao léxico formal da língua, por pertencerem a outro idioma, por se tratar de gírias ou por uma razão ou outra que o autor queira deixar marcada: "data venia", "site", "Common Law".
b) Para, por questões de honestidade intelectual, marcar textos que não são de autoria de quem está escrevendo. Estas aspas são comumente substituídas pelo uso de tipo de letra diferenciado, em corpo menor, em itálico, ou por outro recurso, como o recuo. Apesar de ser uso muito recorrente, não se deve lançar mão de duplicidade de recursos, como modificar a letra e usar aspas; escolha-se um ou outro. Quando ocorre de ter que usar aspas num texto que já está entre aspas, recorre-se às aspas simples, ou ao uso de letra diferenciada.
c) Para marcar títulos de artigos de periódicos, de capítulos de livros e de títulos, partes, etc. de códigos.

Espaço para suas experiências (o que você quiser registrar)

___
___
___
___
___
___
___

OS SINAIS INTERNOS (3)

5 JUNHO

Parênteses, colchetes e chaves: os parênteses servem para isolar palavras, expressões ou frases em regra acessórias ou porque não se encaixam na estrutura do texto, ou ainda por razões subjetivas que o autor quer passar para o leitor. Em muitas situações, os parênteses podem ser substituídos por vírgulas ou travessões. Os parênteses também são usados como recurso nas indicações bibliográficas e nas orientações cênicas das peças de teatro.

Os colchetes são uma variante dos parênteses, podendo optar-se entre uns ou outros em diversas situações; seu uso se impõe quando dentro de um texto que já está entre parênteses for necessário abrir um novo, que neste caso será substituído por colchete, assim como seu uso é exigido para inserir a palavra latina *sic* (que significa: "assim está no original").

A chave é usada para, num quadro esquemático, indicar as partes ou divisões de um assunto, sem contar, é claro, seu uso como símbolo matemático, o mesmo valendo para os parênteses e os colchetes.

Espaço para suas experiências (o que você quiser registrar)

_____
_____
_____
_____
_____
_____
_____

6 JUNHO

OS SINAIS INTERNOS (4)

Dois-pontos: trata-se de sinal de pontuação de muita utilidade, servindo, essencialmente, para:

– Anunciar a entrada de um interlocutor: "Disse o pai: – Vai, meu filho".

– Anunciar uma enumeração: "Estavam presentes: 1. o irmão mais velho; 2. a filha; 3. o neto; 4. diversos colaboradores; e 5. dois vizinhos".

– Introduzir uma citação: "Heráclito já afirmava: 'Não podeis passar duas vezes pelo mesmo rio'".

– Inserir uma conclusão, explicação ou consequência: "Uma coisa é certa: alguém vai pagar essa conta".

– Substituir a vírgula do vocativo quando este estiver no início da frase, como, por exemplo, nas correspondências: "Prezado Amigo:".

– Substituir os verbos, em particular os de ligação, ao anunciar fatos, situações ou explicitações: "Consequências: cancelamento do registro, ...".

– Substituir a conjunção coordenada adversativa em frases como a que usou Ruy Barbosa no *Adeus da Academia a Machado de Assis*: "A morte não extingue: transforma; não aniquila: renova; não divorcia: aproxima". Este exemplo mostra uma forma de uso criativo, que, por retirar a conjunção repetidamente usada, atribuiu força ao significado da frase.

Espaço para suas experiências (o que você quiser registrar)

_____
_____
_____
_____

FUNÇÕES DA VÍRGULA (1)

7 JUNHO

Marcar o deslocamento extremo de uma palavra, expressão ou parte de frase. O caso mais comum é o da transferência da circunstância do final, que é sua posição normal, para o outro extremo da frase, ou para o seu miolo. Alguns exemplos:

> O clima era tenso quando se iniciou o júri. /
> Quando se iniciou o júri, o clima era tenso.
>
> Não haverá expediente no turno da manhã. /
> No turno da manhã, não haverá expediente.
>
> Ouça muito antes de falar. /
> Antes de falar, ouça muito.

Quando a circunstância apontada no deslocamento é formada por uma ou no máximo duas palavras, o uso da vírgula é opcional:

Neste caso, o autor deverá avaliar se lhe interessa que o leitor faça uma pausa, ou não, pois não se pode esquecer que todo sinal de pontuação serve de aviso para uma pausa por parte do leitor.

> Não haverá expediente amanhã. /
> Amanhã não haverá expediente (ou: Amanhã, não...).

Quando o deslocamento se dá para o miolo da frase, serão utilizadas duas vírgulas:

> A equipe é melhor, portanto deve vencer. /
> A equipe é melhor; deve, portanto, vencer.

8 JUNHO

FUNÇÕES DA VÍRGULA (2)

Marcar o isolamento de palavras, expressões ou partes de frases. A estrutura regular, ou ordem direta, de uma oração é esta: Sujeito – Predicado – Circunstâncias. As funções desses elementos: sujeito – é o assunto a ser abordado; predicado – é o que se diz do sujeito; circunstâncias – são elementos que acrescentam dados que não são essenciais para o significado, em geral advérbios ou locuções adverbiais.

Sempre que se interrompe essa estrutura regular para intercalar alguma informação adicional entre quaisquer desses elementos da estrutura regular, há necessidade de isolar o intruso, o que se faz colocando-o entre vírgulas; é como se colocássemos entre parênteses, o que, aliás, não seria errado, assim como não seria errado usar entre travessões; a preferência pela vírgula é apenas uma questão de tradição e também de discrição.

O que é que precisa ser isolado:

– Certas palavras e expressões explicativas, corretivas ou preventivas:

> Veja-se, por exemplo, a situação dos aposentados.
> Quero esclarecer, além disso, a questão das vacinas.
> Isso, aliás, é inconstitucional.

– O vocativo deslocado do início para o miolo ou para o final da frase:

> Isso, senhores, não é racional.
> Fala, Brasil!
> Ave, Maria, cheia de graça.

FUNÇÕES DA VÍRGULA (3)

9 JUNHO

Precisa ser isolada ainda:
– Qualquer palavra, expressão ou oração explicativa, ou apositiva:

> O Presidente da OAB/RS, Dr. Fulano de Tal, manifestou-se a respeito.

Truque infalível: Tudo o que é explicativo pode ser retirado sem prejuízo à essência do significado. Vamos testar? O Presidente da OAB/RS manifestou-se a respeito; a ausência do nome não prejudicou a essência do significado, sendo, portanto, elemento meramente explicativo, por isso entre vírgulas.

Na citação de partes de leis, decretos e atos normativos e administrativos em geral, a pontuação adequada é essencial para representar a estrutura correta e, como consequência, a clareza da informação. Exemplo: Conforme determina o artigo 27, III, *b*, da Lei n.º 4.643. Se a análise da frase se limitar ao olhar, a impressão é de que há excesso de vírgulas. Já ouvi de um aluno: "É muita vírgula por metro quadrado". Como não se mede o uso de vírgulas pela extensão dos elementos que compõem a frase, o simples olhar não serve; é preciso analisar a estrutura da frase e seu significado. Levados por essa impressão do excesso de vírgulas, ou por não terem em conta o sentido, muitos redatores eliminam, no exemplo, a vírgula que se segue a *b*; fazendo isso, vinculam a alínea *b* à Lei n.º 4.643, e não ao inciso III, que o significado está a exigir. Portanto, é necessário isolar esses elementos que constituem a estrutura do artigo.

Há outras formas possíveis e corretas de expressar o mesmo em que se foge das vírgulas, como esta: Conforme determina a alínea *b* do inciso III do artigo 27 da Lei n.º 4.643.

10 JUNHO

FUNÇÕES DA VÍRGULA (4)

Marcar o vocativo. A vírgula do vocativo é por certo o sinal de pontuação mais sonegado da língua portuguesa. Entre os que escrevem, são poucos os que lhe dão a devida atenção e importância. A consequência, em muitos casos, é trágica para o significado. Por isso, mais importante que a regra é a atenção ao sentido da frase.

Examinemos um exemplo que vem de um antigo programa do Ministério da Educação denominado "Fala Brasil". Os brasileiros que quiserem participar do programa, se forem fiéis ao significado expresso no apelo, dirão: "Brasil". Na verdade, o que o meritório projeto solicita é que os brasileiros se engajem transmitindo a ele experiências exitosas alcançadas na área da educação, com o objetivo de repassá-las para toda a rede de educação brasileira.

O que faltou para transmitir esse significado, e não aquele? Apenas uma vírgula: "Fala, Brasil". Como se conclui, a vírgula do vocativo pode interferir, e muito, no sentido que se pretende produzir. Aliás, essa é a razão da regra que envolve o uso da vírgula do vocativo. Situações semelhantes à do exemplo podem ocorrer em diálogos entre profissionais do Direito, como de qualquer área: "Fala, Doutor / Fala Doutor". "Responda, Doutor / Responda Doutor". "Julga, Juiz / Julga Juiz". As possibilidades são infinitas.

Mas, afinal, o que é vocativo? É o nome que se dá a esse termo sintático usado para chamar ou interpelar alguém pelo nome, apelido ou por alguma característica. Deriva do latim *vocare*, que significa *chamar*. Assim, poderíamos trocar *vocativo* por *chamamento*.

A VÍRGULA DE ELIPSE

11 JUNHO

O verbo é a alma da frase, concentrando, em regra, a essência do significado. Para que a frase exista, tudo pode faltar, menos o verbo. Existem orações sem sujeito, mas sem verbo não. Muitas vezes usamos frases feitas de um único verbo, tendo em regra significado veemente: Chega! Vamos! Sai!

Outras tantas, as frases têm o verbo subentendido: Socorro! Como explicar a possibilidade de omissão do verbo se ele é a alma da frase? No exemplo, o essencial é o socorro de que a vítima está necessitando. O verbo está subentendido: Prestem. É o que ocorre com os chamados verbos de ligação, que nada significam, servindo apenas como elemento que faz a ligação entre o sujeito e o predicado. Por exemplo, não há diferença de significado entre "Maria doente" e "Maria está doente".

Portanto, o verbo é indispensável. Outra prova da importância do verbo está no fato de o estudo da análise sintática começar sempre por ele, pois temos no período tantas orações quantos forem os verbos.

Se o verbo é tudo isso, algo teria que acontecer quando ele, por uma razão ou outra, fosse omitido. É aí que entra a chamada vírgula de elipse, usada com o único objetivo de informar que foi subentendido um verbo, ou um conjunto de palavras que contém verbo. Veja-se um exemplo: Eu reviso a receita; você, a despesa. Por não querer incorrer no inconveniente de repetir o verbo, preferiu-se usar vírgula em seu lugar. Convenhamos que a frase ficaria enfadonha com a repetição do verbo: Eu reviso a receita; você revisa a despesa.

Outro exemplo: Mocidade ociosa, velhice vergonhosa. Opa! Frase sem verbo! Cadê o verbo? Verbo não pode faltar! E não está faltando. Ocorre que ele foi substituído por vírgula, portanto vírgula de elipse. Poderia ser assim: Mocidade ociosa leva a velhice vergonhosa. Haveria opções para esse verbo: significa, leva a, acaba em, entre outras. No entanto, é indiscutível que o significado ficou muito mais vigoroso com a vírgula, sem o verbo.

12 JUNHO

QUEM LÊ, SABE O CAMINHO.

Era o *slogan* da Feira do Livro de Porto Alegre de 2023. O que provocou reação foi o emprego da vírgula após *lê*, sob a alegação de que ela estaria interrompendo a relação entre sujeito (*Quem lê*) e predicado (*sabe o caminho*), o que, conforme se aprendeu na escola, é crime. Sim, a regra diz que não se deve separar o sujeito do predicado, mas há uma questão que se impõe: a clareza do significado, e este está acima de qualquer regra. Em "Quem lê, sabe o caminho", a vírgula contribui para o significado. Tanto é verdade que ela é lida na oralização da frase, pois após "lê" ocorre elevação na voz antes da pausa, característica de qualquer vírgula. Experimente ler a frase sem a vírgula: "Quem lê sabe o caminho". Não parece sem sentido? Recomendo que se adote a seguinte regra para justificar essa vírgula: sempre que ocorre a sequência de dois verbos no mesmo tempo e pessoa verbais, é recomendado separá-los por vírgula. Outro aspecto a considerar é que, ao fazer a análise sintática, pode-se concluir que o sujeito do segundo verbo não é "Quem lê", mas sim o demonstrativo "este", subentendido: "Quem lê, este sabe o caminho". De outra parte, não se pode esquecer que regras não são dogmas, mas apenas regras, sujeitas a pequenos desvios e até a exceções. As línguas não são ciências exatas.

Outros exemplos: Quem sabe, sabe; Quem estuda, conhece; Quem pode, manda; Quem corre, chega antes; Quem caminha, vive mais.

Espaço para suas experiências (o que você quiser registrar)

_____

_____

_____

VÍRGULA ANTES DE "ETC."

13
JUNHO

Observando que uso vírgula antes da abreviatura *etc.*, um atento leitor quer saber que norma eu sigo, já que é a forma abreviada do latim *et caetera*, que contém *e*, aditivo que substitui a vírgula, no que ele tem razão. Portanto, por essa lógica, não há necessidade de vírgula. No entanto, a abreviatura da expressão latina consagrou-se a ponto de não parecer abreviatura, mas uma sigla. Tanto é verdade que ninguém usa a forma por extenso, não abreviada, razão por que os gramáticos em geral admitem o uso de vírgula antes. Não se deve esquecer que as línguas se fazem também pelo uso. Resumindo, as duas formas são consideradas corretas. O erro passa a existir, por incoerência, quando num mesmo texto se alternam as duas formas.

O MISTERIOSO PONTO E VÍRGULA (1)

Se é difícil o adequado uso da vírgula, mais ainda é o domínio do ponto e vírgula, para muitos uma espécie de mistério da pontuação, recomendando-se em muitos meios que se evite seu uso, como ocorre em grandes jornais.

Há, inclusive, escritores de renome que fogem de seu uso e confessam sua dificuldade. Nosso cronista-mor Luis Fernando Verissimo, por exemplo, chegou a publicar uma crônica sobre esse misterioso sinal de pontuação. Diz o escritor que ele nunca usou ponto e vírgula; se o encontrassem em algum texto dele, é porque algum revisor colocou, e não ele. Acrescenta que um dia tomará coragem e usará, mas com uma só certeza: "Vou errar".

Espaço para suas experiências (o que você quiser registrar)
_____
_____

14 JUNHO

O MISTERIOSO PONTO E VÍRGULA (2)

Costuma-se ensinar que o ponto e vírgula é uma pontuação intermediária entre a vírgula e o ponto, que é maior do que a vírgula e menor do que o ponto; até se poderia acrescentar que é chamado de ponto e vírgula, e não de vírgula e ponto, porque está mais próximo de ser ponto do que vírgula. Tudo isso é verdade, mas quase nada ensina.

Para começar a entender melhor o ponto e vírgula, recomendo que se comece distinguindo-o do ponto-final, com quem guarda semelhança de função, até porque pode substituí-lo em muitas circunstâncias. Assim como o ponto-final, o ponto e vírgula pode marcar o final de uma frase, podendo-se optar entre um e outro; a diferença é que o ponto e vírgula é reservado para os casos em que se quer deixar uma mensagem para o leitor: acabou a frase, mas o pensamento vai continuar; enquanto isso, quando se usa ponto-final, é porque a frase e o pensamento foram concluídos.

Por essa razão é que se recomenda usar ponto e vírgula no final de cada um dos itens que compõem uma série; é uma forma de avisar o leitor de que vem mais, que a série ainda não está concluída.

Vejamos alguns casos típicos em que o ponto e vírgula é insubstituível:

1. Provérbio árabe: "Se tens muita coisa, dá de teus bens; se tens pouco, dá de teu coração". Do ponto de vista da sintaxe, o ponto e vírgula poderia ser substituído por ponto-final, pois ele encerra uma frase; no entanto, o pensamento está longe de ser concluído, razão por que seria lamentável fazer essa troca. Substituir por vírgula, embaralharia todo o texto, dificultando seu entendimento.

O MISTERIOSO PONTO E VÍRGULA (3)

15 JUNHO

2. Código Civil de 1916, § 1.º do art. 454 (um pouco modificado pelo CC de 2002, § 1.º do art. 1.775): "Na falta do cônjuge, é curador legítimo o pai; na falta deste, a mãe; e, na desta, o descendente maior". Repete-se – em dose dupla – a mesma situação; nos dois casos, do ponto de vista da sintaxe, o ponto e vírgula poderia ser trocado por ponto-final, mas seria lamentável, porque causaria prejuízo irreparável à unidade de significado, que só se conclui no final. Na versão do CC em vigor, o teor é este: "Na falta do cônjuge ou companheiro, é curador legítimo o pai ou a mãe; na falta destes, o descendente que se demonstrar mais apto". Como se observa, modificou-se um pouco o teor, mas permanece a necessidade do ponto e vírgula.

3. Ensinamento de Benedito Silva sobre imposto: "O que hoje chamamos imposto era, a princípio, donativo espontâneo; passou depois a ser donativo solicitado; em seguida, passou a ser um favor; mais tarde, dever social; e, finalmente, imposição inescapável". Foi quando passou realmente a ser imposto, fazendo jus ao significado da palavra. Convido o leitor a examinar e concluir a respeito da clareza do significado desse enunciado caso o ponto e vírgula fosse trocado sempre por ponto-final, ou, pior ainda, por vírgula.

4. Na separação de pensamentos independentes: "Saí para comprar um livro; ela esperou que eu voltasse". Outra vez estamos diante de duas frases que guardam independência sintática, mas não de significado.

Conclusão: enquanto o ponto-final encerra o significado, o ponto e vírgula serve para avisar sobre sua continuidade. De uma forma ou de outra, o adequado uso desse para muitos misterioso sinal de pontuação se enquadra sempre nesse princípio.

16 JUNHO

VÍRGULA NÃO PREVISTA NAS NORMAS

O destino de tudo o que se escreve é o leitor. Assim, o que importa é que ele entenda exatamente o que foi escrito; para isso, a pontuação pode ser essencial. Verifique esta frase: O cônjuge ou companheiro de sócio, sócio é.

Agora imagine a frase sem a vírgula. Confuso, não! É mais um exemplo em que o significado se impõe a qualquer norma gramatical.

DÚVIDA QUE AGRADA

Que a identificação da dúvida é o primeiro passo para a sua solução, todo professor sabe. Não é por nada que Dante Alighieri já a julgava tão importante quanto o saber. A afirmação é dele: "Não menos que o saber, me agradava a dúvida". Agrada por igual a vírgula utilizada na frase, porque ela marca a inversão na ordem, já que a oração principal foi deslocada para o final.

Espaço para suas experiências (o que você quiser registrar)
_____
_____
_____
_____
_____
_____
_____
_____

17 JUNHO

NÃO DIGAM A VERDADE.

Devidamente autorizados, todos mentiram pra valer. A verdade só foi reposta com a correção da frase: Não, digam a verdade.

NÃO FUMEM POR FAVOR.

Para que não se pense ser obrigação fumar no local desse aviso, convém usar vírgula após *fumem*, sob pena de em pouco tempo estarmos dentro de um cinzeiro. Então: Não fumem, por favor.

Espaço para suas experiências (o que você quiser registrar)

18 JUNHO

MARIA TOMA REMÉDIO E SUA MÃE DIZ ELA É VENENO.

Para livrar a pobre mãe de ser culpada por um crime pela própria filha, é melhor acertar o sentido da frase. Faz-se isso utilizando pequenos sinais de pontuação: Maria toma remédio e sua; mãe, diz ela, é veneno.

NÃO VÁ GASTAR DEMAIS, MEU FILHO.

Essa criativa chamada publicitária foi salva pela vírgula; se a eliminássemos, estaríamos produzindo um patético apelo de uma zelosa senhora a sua nora: Não vá gastar demais meu filho.

Espaço para suas experiências (o que você quiser registrar)

VAMOS PINTAR, GENTE!

Caso idêntico ao anterior, mas a professora não colocou vírgula no aviso deixado no quadro: Vamos pintar gente!
Os alunos seguiram a ordem à risca e a sala se encheu de caras-pintadas. Daí em diante ela mudou o aviso para: Vamos pintar, gente, com vírgula! E tudo voltou ao normal.

O RIO GRANDE SOMOS NÓS. FAÇA A SUA PARTE. GOVERNO TAL.

Esse foi o *slogan* de uma administração do Estado do Rio Grande do Sul nos anos 1970. Foi quando um gaiato que gostava de brincar com a pontuação resolveu introduzir uma pequena alteração: transformou o penúltimo ponto em vírgula: O Rio Grande somos nós. Faça a sua parte, Governo Tal. Assim, as coisas se inverteram. O apelo dirigido ao povo reverteu para o governo.

Espaço para suas experiências (o que você quiser registrar)
_____
_____
_____
_____
_____
_____
_____
_____
_____
_____
_____

19
JUNHO

20 JUNHO

AMANHÃ PENSAMOS NISSO CERTO?

Errado! Para que a frase adquira o sentido que seu autor quis lhe atribuir, faltou apenas uma vírgula, antes de *certo:* Amanhã pensamos nisso, certo? A não ser que as partes envolvidas no debate estivessem pensando tudo de forma errada. Certo?

O FAZENDEIRO TINHA UM BEZERRO E A MÃE DO FAZENDEIRO ERA TAMBÉM O PAI DO BEZERRO.

Esse verdadeiro absurdo genético é esclarecido com um simples ponto e vírgula: O fazendeiro tinha um bezerro e a mãe; do fazendeiro era também o pai do bezerro.

Espaço para suas experiências (o que você quiser registrar)

_____
_____
_____
_____
_____
_____
_____
_____
_____
_____
_____
_____

21 JUNHO

O OUTRO DISSE QUE ERA UM TUBO QUE SE MOVIA E ASSIM SUCESSIVAMENTE.

Descobrir o sentido que o autor quis dar à frase não foi tarefa fácil. A primeira impressão é a de que, além de se mover, o tubo fazia outras coisas, o que, de acordo com o contexto, não fazia sentido. Lá pelas tantas, num exercício de adivinhação, desconfiou-se que o sentido intentado pelo autor poderia ser o de que outros personagens da história não viam um tubo se mover, mas, sim, outras coisas. Bingo! Aí ficou fácil, pois bastou colocar uma vírgula antes do *e*. Assim: O outro disse que era um tubo que se movia, e assim sucessivamente. É em função de casos como esse que existe a regra: sempre que o *e* liga orações de sujeitos diferentes, usa-se vírgula antes dele. A regra não existiria se não houvesse razão maior: preservação do significado.

Espaço para suas experiências (o que você quiser registrar)

22 JUNHO

AS QUESTÕES SÃO AQUELAS, CUJOS CONTEÚDOS ESTÃO NO LIVRO.

Atente o autor da frase para o corte que a vírgula efetuou no fluxo da frase. Fazendo uma comparação, é como se tivesse sido colocada uma barreira na estrada, cortando o fluxo. Isso faz lembrar aquela regra que todos decoramos: nunca se deve separar o sujeito do predicado; isso é verdade, mas deve ser estendido a todos os casos em que há ligação direta entre termos de uma oração: entre o verbo e seu complemento, entre o substantivo e seu adjunto, entre o nome e seu complemento, fora outros casos. Portanto, para corrigir a frase deve-se eliminar a vírgula: As questões são aquelas cujos conteúdos estão no livro.

SÃO AÇÕES QUE FEREM A LEI, CONFIGURANDO ASSIM, CRIME GRAVE.

A pontuação também fere lei, mas de pontuação. O termo *assim* foi deslocado para o meio da oração, o que sempre gera duas vírgulas, com o objetivo de isolamento. Ao usar apenas uma das vírgulas, o fluxo da frase resulta truncado. De acordo com a dose de liberdade que a pontuação nos oferece, seria aceitável não usar nenhuma das duas vírgulas, mas uma só é sempre errado. Opções: São ações que ferem a lei, configurando, assim, crime grave. Ou: São ações que ferem a lei, configurando assim crime grave.

Espaço para suas experiências (o que você quiser registrar)
_____
_____
_____
_____

23 JUNHO

OS BENS DO CASAL ESTÃO RELACIONADOS NA DECLARAÇÃO DO ESPOSO PAULO.

O contabilista responsável pela declaração de Imposto de Renda deixou perplexos os servidores da Receita Federal, que trabalhavam em vão atrás de mais esposos de determinada declarante. Na verdade, faltou apenas uma vírgula na frase do contabilista: Os bens do casal estão relacionados na declaração do esposo, Paulo.

BASEADO EM QUE DOUTOR?

Se o usuário da frase quis saber o nome do doutor em que o interlocutor estava se baseando, a frase está absolutamente correta. Se, no entanto, pensou descobrir o argumento que o interlocutor utilizava, faltou uma vírgula antes de *doutor:* Baseado em quê, doutor?

Espaço para suas experiências (o que você quiser registrar)

_____
_____
_____
_____
_____
_____
_____
_____
_____

24 JUNHO

ESSAS MEDIDAS PROPORCIONAM SEGURANÇA E ALÉM DISSO, ELIMINAM DESPERDÍCIOS.

Sempre que se introduz uma intercalação numa frase, deve ela ser isolada por duas vírgulas (ou travessões ou parênteses). É como se fosse construída uma ponte sobre um rio; ela precisa dar acesso e saída. No caso da frase, deu-se saída da ponte, mas não se deu acesso; assim, ela não vai funcionar. O que faltou? Faltou vírgula depois do *e;* assim: Essas medidas proporcionam segurança e, além disso, eliminam desperdícios. Agora, sim, o trânsito fluirá. Mas o *e* não substitui a vírgula? A única vírgula que o *e* substitui é a de adição, como em: João, Pedro e Maria.

BEM DOUTOR.

Aí está uma fulminante declaração de amor. Pelo menos o esperto doutor entendeu assim, bem entendido. Ou faltou uma vírgula antes de *doutor*, mudando completamente o teor do diálogo: Bem, doutor.

Espaço para suas experiências (o que você quiser registrar)

_____
_____
_____
_____
_____
_____
_____
_____

25 JUNHO

DIGA ALGUMA COISA MÃE.

Sem vírgula antes de *mãe*, o leitor da frase poderia supor que existe *coisa mãe, coisa pai, irmão, tio, coisa avó*, etc., etc. Portanto, prefira: Diga alguma coisa, mãe.

A PARTIR DAS DUAS HORAS, QUERO VER TODOS COM FARDA IMPECÁVEL E SOBRETUDO NA CHEGADA DO GENERAL.

A ordem foi seguida à risca pelos comandados. Apesar dos quase 40 graus de temperatura que fazia na cidade, todos estavam vestindo impecável sobretudo. Verdadeira ou não, a história teria sido diferente, com bem menos suor, se a ordem do comandante tivesse uma vírgula no lugar do e:... quero ver todos com farda impecável, sobretudo na chegada do General.

Espaço para suas experiências (o que você quiser registrar)

_____
_____
_____
_____
_____
_____
_____
_____
_____
_____
_____
_____

26 JUNHO

DEPOIS O PSICÓLOGO COM POUCAS PALAVRAS, INICIA O INQUÉRITO.

Confusa a frase, não é mesmo? Tudo porque faltou uma vírgula para marcar a abertura da intercalação. Construiu-se uma ponte que não dava acesso, mas apenas saída, o que fez com que ela não funcionasse. Corrija-se: Depois o psicólogo, com poucas palavras, inicia o inquérito. Relembrando: essas vírgulas que marcam intercalação podem ser sempre substituídas por travessões ou parênteses.

DEVE FICAR BEM CLARO PARA O EXAMINANDO, QUE NÃO SE TRATA DE UMA TOMADA DE CONTAS.

Enquanto isso, para o autor da frase deve ficar claro que não se deve cortar o fluxo da frase, como ele fez usando vírgula indevida. Colocou uma barreira na estrada, não deixando ninguém passar. A correção passa pela simples retirada da única vírgula da frase.

Espaço para suas experiências (o que você quiser registrar)

27 JUNHO

SE PORÉM, ELA NÃO COMPARECER, PERDERÁ SEUS DIREITOS.

Ao introduzir a intercalação *porém,* o autor construiu uma ponte que não cumpre sua função, pois não lhe deu acesso, cortando o fluxo do frase. Corrija-se: Se, porém, ela não comparecer, perderá seus direitos. E por que a última vírgula? Para marcar o deslocamento da oração principal (*perderá seus direitos*) para depois da subordinada.

O REGULAMENTO ESTABELECE COMO CRITÉRIO, QUE NESSE CASO OS DOIS SE CLASSIFICAM.

O regulamento da pontuação estabelece que nunca se deve cortar o fluxo da frase, que nunca se deve trancar o trânsito. É esse o prejuízo causado pela vírgula usada na frase. Retirando-a, tudo voltará ao normal.

Espaço para suas experiências (o que você quiser registrar)

_____
_____
_____
_____
_____
_____
_____
_____

28 JUNHO

ASSIM, PODE-SE SEM MARGEM DE ERRO, OPTAR POR ESSA SOLUÇÃO.

A expressão *sem margem de erro* é uma intercalação, como prova o fato de se poder retirá-la sem afetar o significado essencial da frase. Se é intercalação, é preciso isolar, o que se faz colocando entre vírgulas, travessões ou parênteses. Acerte-se, portanto, a pontuação: Assim, pode-se, sem margem de erro, optar por essa solução.

A SELEÇÃO NATURAL, ANTERIOR À PROFISSIONAL AINDA PREDOMINA.

Há novamente uma intercalação: *anterior* à *profissional*. Desta vez o autor abriu-a com uma vírgula, mas não a encerrou com uma segunda vírgula; é como abrir parêntese e não fechar. Então, falta apenas corrigir: A seleção natural, anterior à profissional, ainda predomina.

Espaço para suas experiências (o que você quiser registrar)

29 JUNHO

MARIA LÚCIA DA PORTELA É A RAINHA DO CARNAVAL.

Quando leu a notícia, Maria Lúcia protestou: – Meu sobrenome não é Portela, mas sim Medeiros. Minha escola é que é a Portela. O caso foi resolvido com o uso de duas vírgulas: Maria Lúcia, da Portela, é a Rainha do Carnaval.

CARMELA DE PORTUGAL FOI A VENCEDORA.

Caso semelhante ao anterior. Após vencer uma prova olímpica, Carmela viu a manchete nos jornais e não entendeu. Para não parecer *Portugal* ser o sobrenome da Carmela, era essencial que se deixasse *de Portugal* entre vírgulas. Assim: Carmela, de Portugal, foi a vencedora.

Espaço para suas experiências (o que você quiser registrar)
___
___
___
___
___
___
___
___
___
___

30 JUNHO

O EXAMINANDO DIANTE DO ESTÍMULO DESENCADEIA SEU PROCESSO PERCEPTIVO.

Temos outra vez uma intercalação: *diante do estímulo*. O autor não abriu nem fechou. É o que vamos fazer para corrigir: O examinando, diante do estímulo, desencadeia seu processo perceptivo.

DISPUTA JAIR

Ao reproduzir essa frase atribuída a um treinador de futebol, o cronista acabou mudando completamente seu sentido, dando a entender que a ordem era para que alguém entrasse na disputa por Jair, quando, na verdade, o treinador estava apelando ao Jair para que participasse mais da disputa pela bola. Que faltou? Apenas uma vírgula: Disputa, Jair. Mas, as comunicações às vezes se complicam, e foi o caso, pois contam que Jair, muito maroto, teria respondido: – Não digo...

Espaço para suas experiências (o que você quiser registrar)

JULHO

O homem, que vinha a cavalo, caiu 1
O homem que vinha a cavalo caiu 1
A amizade com o psicanalista Oskar Phister,
contribuiu para sua formação 2
Toca Marta 2
Bota pra quebrar Colorado 3
Sucederam-se outras publicações de modo especial na Europa 3
Escreva nesta folha, bem à esquerda o nome sugerido 4
Pega, ladrão 4
Pega peão 5
Não salvem meu filho 5
Ave, Maria, cheia de graça... 6
Cuidado, animais! 7
Teste o HIV anônimo e gratuito 7
Ana: eu te amo boba 8
Cuidado, cachorro raivoso! 8
Devagar, quebra-molas 9
Papa Paulo! X Papa, Paulo! 9
Enfim, chegamos. / Enfim chegamos 10
Irás, voltarás, nunca perecerás 10
Todos somos iguais logo temos iguais direitos e deveres 11
É proibido entrar bêbado, sair pode 11
Vem aí, a temporada de férias 12
Se ele condenou eu não absolvo 12
Fica Jardel 13
Salve Jorge 13
Deixo a minha fortuna para o meu irmão não para o meu
sobrinho jamais para o meu advogado nada para os pobres 14

Este / Esse / Aquele 15

Isso posto / Dessa maneira / Dessarte 16

Pronome pessoal, não mesmo... 17

Bem / Bom – Mal / Mau 18

Como lidar com palavras e expressões estrangeiras 19

Grandíssimo ou grandessíssimo? 20

Olimpíada ou Olimpíadas? 20

Pobre verbo "adequar" 21

Paralimpíada / Paraolimpíada 22

Bagé / Bajeense 22

Viagem / Viajem 23

Grafia de *coronavírus* 23

Transcrições de textos alheios 24

Dois milhões 24

Ês, esa, isa / ez, eza 25

Os números que identificam as emissoras de rádio 25

Ganhar de graça 26

A neve branca cobria os campos 26

Demente mental 27

Foi uma surpresa inesperada 27

O ladrão foi cercado por todos os lados 28

Já há alguns anos atrás se falava nisso. 28

Repetir de novo 29

A mim me parece 29

Mas porém 30

Peixe parcelado? 30

Vomitou impropérios pela boca 31

Mergulhar para dentro da água 31

1 JULHO

O HOMEM, QUE VINHA A CAVALO, CAIU.

O uso das duas vírgulas, além de informar que o homem caiu, explica que ele vinha sozinho. Não havia outros homens.

O HOMEM QUE VINHA A CAVALO CAIU.

A ausência das vírgulas muda o sentido da frase. Continua informando que o homem caiu, mas havia outros homens com ele. Não importa se vinham de bicicleta ou sobre camelos. Sabe-se, isto sim, que um deles vinha a cavalo, e este caiu.

Espaço para suas experiências (o que você quiser registrar)

2 JULHO

A AMIZADE COM O PSICANALISTA OSKAR PHISTER, CONTRIBUIU PARA SUA FORMAÇÃO.

Aqui é necessário recordar a velha regra: nunca se separa o sujeito do predicado, crime que o autor cometeu ao colocar a vírgula após o nome do psicanalista. Aí termina o sujeito e na sequência vem o verbo, que inicia o predicado. Portanto, retire-se a vírgula e deixe-se a frase só com o ponto-final.

TOCA MARTA.

Antes que todos tratem de tocar a assustada moça, convém *tocar* uma vírgula entre as duas palavras: Toca, Marta. Menos assustada, Marta tudo fará para vencer a corrida e provar a importância do uso correto da vírgula.

Espaço para suas experiências (o que você quiser registrar)

_____
_____
_____
_____
_____
_____
_____
_____
_____
_____

3 JULHO

BOTA PRA QUEBRAR COLORADO.

Não fossem as cores da faixa conduzida pelos torcedores que entravam no Beira-Rio e/ou a ignorância da maioria dos brasileiros quanto ao uso adequado das vírgulas, com certeza teria ocorrido verdadeira guerra entre os próprios colorados presentes. Tudo porque faltou uma vírgula antes de *Colorado*, alterando completamente o teor da mensagem. Assim, antes que os colorados saiam quebrados, convém corrigir: Bota pra quebrar, Colorado.

SUCEDERAM-SE OUTRAS PUBLICAÇÕES DE MODO ESPECIAL NA EUROPA.

A frase encerra-se com elemento explicativo: *de modo especial na Europa*. Falta, portanto, uma vírgula. Assim: Sucederam-se outras publicações, de modo especial na Europa. Não custa lembrar: tudo aquilo que se pode retirar sem causar prejuízo à essência do significado da frase é explicativo, requerendo, por isso, vírgula, ou duas vírgulas, se estiver no meio da frase.

Espaço para suas experiências (o que você quiser registrar)

___
___
___
___
___
___
___

4 JULHO

ESCREVA NESTA FOLHA, BEM À ESQUERDA O NOME SUGERIDO.

Ocorre intercalação bem no meio da frase: *bem à esquerda*. O autor abriu-a com uma vírgula, mas se esqueceu de encerrá-la com outra. Comparando, construiu uma ponte que tinha acesso, porém não dava saída, trancando completamente o trânsito. Corrija-se: Escreva nesta folha, bem à esquerda, o nome sugerido.

PEGA, LADRÃO!

É intenção apelar para que se pegue o ladrão, e não que o ladrão pegue alguém, a não ser que a origem do apelo fosse outro ladrão. Como ladrão não admite ser ladrão (diz que ganhou na loteria), supõe-se que a ordem era para pegar o ladrão, razão pela qual a vírgula deve ser eliminada: Pega ladrão! Como se vê, o uso correto da vírgula é, acima de tudo, uma questão de sentido, do sentido que se quer dar à frase.

Espaço para suas experiências (o que você quiser registrar)

_____
_____
_____
_____
_____
_____
_____
_____
_____
_____

5 JULHO

PEGA PEÃO!

Por pouco esse infeliz apelo caipira não provocou grave incidente. Se os presentes soubessem do que uma vírgula é capaz ou, como no caso, do que sua ausência é capaz, todos teriam atacado o peão, em vez de este investir sobre o touro. Contra a vontade do autor do apelo, a ordem era para pegar o peão. Imagina-se que a intenção era apelar para que o peão pegasse o touro; por isso, faltou uma vírgula: Pega, peão.

NÃO SALVEM MEU FILHO!

Foi a reação da desesperada mãe à observação de alguém que sugeria não se arriscarem a tentar salvar o garoto que estava próximo a fio de alta-tensão. A crônica policial é que interpretou mal ou expressou mal o dramático apelo da mãe. Faltou a vírgula, invertendo o sentido: Não, salvem meu filho.

Espaço para suas experiências (o que você quiser registrar)

6 JULHO

AVE, MARIA, CHEIA DE GRAÇA...

Essa conhecida oração à Nossa Senhora é muitas vezes encontrada impressa sem a presença de vírgula, o que a transforma em verdadeiro sacrilégio. Ao dizer *ave Maria*, o devoto, sem se dar conta, está chamando Nossa Senhora de ave, pássaro... *Maria,* na frase, é vocativo; por isso tem que vir precedido de vírgula, evitando, assim, o sentido sacrílego: Ave, Maria, cheia de graça... Referindo o nome da oração, a expressão deve ser grafada com hífen: *Ave-Maria,* como também *Pai-Nosso,* quando nome da oração. Diferentemente de *ave, Maria,* no entanto, no corpo da oração, não ocorre vírgula após *Pai,* em *Pai Nosso.* Esclareça-se também que *ave,* do aramaico, tem o sentido de *salve.*

Espaço para suas experiências (o que você quiser registrar)

7 JULHO

CUIDADO, ANIMAIS!

Milhões de motoristas e acompanhantes já leram esta mensagem nas estradas brasileiras, mas até hoje não se sabe de alguém que tenha se ofendido. Será que todos têm consciência de sua condição de animais? Ou não é ofensa ser chamado de animal? Abstraído o sentido carinhoso ou estimulante que assume em certas circunstâncias, *animal* é palavra ofensiva para a maioria dos cidadãos. Como a intenção da mensagem é alertar para a possível presença perigosa de animais nas estradas, o erro não está na palavra *animal*, mas no uso indevido da vírgula. O alerta poderia ser este, por exemplo: *Cuidado! Animais.*

TESTE O HIV ANÔNIMO E GRATUITO.

A meritória campanha de prevenção da AIDS (por que não SIDA?) foi prejudicada em suas intenções. A falta de pontuação tornou o apelo paradoxal e inverídico, porque dá o nome ao vírus e em seguida atribui-lhe o anonimato; inverídico, porque afirma ser o HIV gratuito, quando, é certo, seu preço é alto, pois custa a vida a muitos portadores. O uso de uma única vírgula teria sido o suficiente: Teste o HIV, anônimo e gratuito. Ainda assim, em nome da ênfase, faz-se uma concessão, pois, a rigor, não se testa o HIV, mas se ele está presente no organismo do examinando, ou não.

Espaço para suas experiências (o que você quiser registrar)
_____
_____
_____
_____

8 JULHO

ANA: EU TE AMO BOBA.

Declaração pública de amor encontrada em estádio de futebol lotado, revela estranha preferência do declarante por mulher boba. Se não fosse boba, não a amaria. O mais provável mesmo é que o declarante tenha *marcado bobeira* ao omitir a vírgula antes de chamar sua amada de boba. Assim: Ana: eu te amo, boba.

CUIDADO, CACHORRO RAIVOSO!

Eis um caso urgente para a Divisão Veterinária da Secretaria da Saúde. Onde está o cachorro raivoso? Do lado de fora do pátio, ou do lado de dentro? Bem interpretada, a vírgula indica que o cachorro raivoso é o leitor da frase. Na verdade, trata-se de recurso extremo para se proteger de assaltantes, que, se não se assustam com a presença de simples cachorros, talvez temam cachorro raivoso. Mesmo assim, para não ofender o leitor, que não tem nada a ver com isso, a frase precisa ser corrigida: Cuidado! Cachorro raivoso.

Espaço para suas experiências (o que você quiser registrar)

9 JULHO

DEVAGAR, QUEBRA-MOLAS

Não se tratava de campanha contra a instalação de quebra-molas nas ruas da cidade, nem de estranho apelo para que os quebra-molas andassem devagar. Era apenas para ser um aviso: devido à presença de quebra-molas, era necessário diminuir a velocidade. Para atingir esse significado, é necessário pontuar corretamente: Devagar! Quebra-molas.

PAPA PAULO! X PAPA, PAULO!

Conta-se que o Papa Paulo VI recebeu famosa e bela atriz em audiência. Um anjo teria se postado à direita do Papa e um diabinho, à esquerda. Tanto o anjo quanto o diabinho dominavam perfeitamente o uso da pontuação, cada um defendendo seus interesses. O anjo, procurando preservar a inocência do Papa, exclamava:

– Papa Paulo!

Enquanto isso, o diabinho, esperto no uso da vírgula do vocativo, incitava para o pecado:

– Papa, Paulo!

Como se vê, a vírgula pode ser motivo de jogos e brincadeiras, às vezes um tanto irreverentes, mas que tornam seu estudo mais interessante. Quem ficar atento ao sentido da frase estará a um passo do emprego correto desse pequeno grande sinal de pontuação.

Espaço para suas experiências (o que você quiser registrar)
_____
_____
_____
_____

10 JULHO

ENFIM, CHEGAMOS. / ENFIM CHEGAMOS.

Qual a forma correta? Alguma delas é melhor que a outra? Depende. Se houver a intenção de deixar inferido o significado de que o caminho foi muito difícil, a vírgula é desejável. Para perceber isso, basta o leitor fazer a leitura oral com a pausa marcada pela vírgula. A opção sem vírgula será mais recomendável se o caminho não tiver oferecido grandes obstáculos. Como se vê, o uso ou não da vírgula pode ter implicações sutis no significado.

IRÁS, VOLTARÁS, NUNCA PERECERÁS.

Avalie o leitor o poder da pontuação: a julgar pela que aí está, o soldado que está indo para a guerra terá vida eterna, pois *nunca perecerá*. Transferindo a segunda vírgula para depois de *nunca*, o soldado morrerá: Irás, voltarás nunca, perecerás.

Espaço para suas experiências (o que você quiser registrar)

_____
_____
_____
_____
_____
_____
_____
_____

11 JULHO

TODOS SOMOS IGUAIS LOGO TEMOS IGUAIS DIREITOS E DEVERES.

Há duas possibilidades de pontuação para a frase: Todos somos iguais, logo temos iguais direitos e deveres. Ou: Todos somos iguais; logo, temos iguais direitos e deveres. As duas formas de pontuação são corretas. Por ser mais pausada, a segunda opção ostenta maior poder de argumentação. Se o leitor duvidar, compare as duas fazendo a leitura oral de acordo com a pontuação.

É PROIBIDO ENTRAR BÊBADO, SAIR PODE.

Inteligente e perspicaz o aviso encontrado num bar. Falta-lhe apenas apuro na pontuação, trocando a vírgula por ponto ou ponto e vírgula: É proibido entrar bêbado; sair pode. Ou: É proibido entrar bêbado. Sair pode.

Espaço para suas experiências (o que você quiser registrar)

_____
_____
_____
_____
_____
_____
_____
_____
_____
_____

12
JULHO

VEM AÍ, A TEMPORADA DE FÉRIAS.

Se na campanha publicitária havia a ideia de chamar a temporada de férias, num apelo para que chegasse logo, a vírgula está correta, mas o artigo *a* teria que ser eliminado: *Vem aí, temporada de férias.* Provavelmente, não era essa a intenção, mas sim avisar os veranistas sobre a chegada da temporada de férias. Neste caso, a vírgula deve ser eliminada, mantendo-se o *a*: Vem aí a temporada de férias.

SE ELE CONDENOU EU NÃO ABSOLVO.

Dependendo da pontuação, o significado da sentença se inverte: Se ele condenou, eu não absolvo – assim, a condenação prossegue. Se ele condenou, eu não; absolvo – agora o réu foi absolvido.

Espaço para suas experiências (o que você quiser registrar)

13 JULHO

FICA JARDEL.

A campanha visando a angariar recursos capazes de manter o jogador no clube fracassou. O uso de uma vírgula, quem sabe, poderia ter mudado o resultado. Pelo menos o idioma estaria preservado, pois se trata de vocativo, que requer sempre a presença de vírgula. Assim: Fica, Jardel; ou: Jardel, fica. Sem vírgula, fica tudo errado, ou dá errado...

SALVE JORGE.

Era o título da novela. Assim, sem vírgula, tem o sentido de um apelo para que se salve Jorge de alguma situação embaraçosa. Na verdade, o significado era para ser outro: um apelo a Jorge para que ele salvasse as pessoas de situação difícil. Corrija-se: Salve, Jorge.

Espaço para suas experiências (o que você quiser registrar)

14 JULHO

DEIXO A MINHA FORTUNA PARA O MEU IRMÃO NÃO PARA O MEU SOBRINHO JAMAIS PARA O MEU ADVOGADO NADA PARA OS POBRES.

Foi o teor do testamento deixado pelo fazendeiro, que, não dominando a pontuação, resolveu usar apenas o ponto-final. Para surpresa de todos, os quatro citados no testamento dominavam-na por inteiro. Cada um fez a pontuação de acordo com os seus interesses, sem mexer em mais nada. Entre as pontuações abaixo, o leitor está convidado a fazer sua escolha e destinar a fortuna a quem achar mais adequado:

Para o irmão: Deixo a minha fortuna: para o meu irmão; não para o meu sobrinho; jamais para o meu advogado; nada para os pobres.

Para o sobrinho: Deixo a minha fortuna: para o meu irmão, não; para o meu sobrinho; jamais para o meu advogado; nada para os pobres.

Para o advogado: Deixo a minha fortuna: para o meu irmão, não; para o meu sobrinho, jamais; para o meu advogado; nada para os pobres.

Para os pobres: Deixo a minha fortuna: para o meu irmão, não; para o meu sobrinho, jamais; para o meu advogado, nada; para os pobres.

Espaço para suas experiências (o que você quiser registrar)

_____
_____
_____
_____

ESTE / ESSE / AQUELE

15 JULHO

Os pronomes demonstrativos servem para localizar (mostrar ou demonstrar) os seres e as coisas no tempo, no espaço e no discurso (no texto). *Este* indica que não há distância, como também remete para frente, *esse* informa haver alguma distância, remetendo para trás, enquanto *aquele* remete significativamente para trás.

Em relação ao tempo, por exemplo, quando digo "*Este* minuto, dia, mês, século, milênio", estou me referindo ao minuto, dia, etc. em curso, ou de futuro próximo. Utilizando "*Esse* minuto, dia, ...", estou remetendo a um passado próximo. "*Aquele* minuto, dia, ..." é referência a um passado distante. Se o passado é próximo ou distante, o contexto definirá. O contexto pode, eventualmente, definir que um minuto é muito tempo, assim como um milênio pode ser entendido como pouco.

Em relação ao espaço, vale o mesmo: *Este* país é o nosso; *esse* é referência a um país vizinho, ou amigo, enquanto *aquele* é distante. Novamente, o contexto precisa ser levado em conta.

Já em relação ao discurso, vale a proximidade; é quando "os últimos serão os primeiros": o mais próximo (não há distância em relação ao pronome) é localizado por *este* e o mais afastado, por *aquele*. Exemplo: Os profissionais do Direito indicados foram os Drs. Maria e Pedro, este representando a OAB e aquela, o Ministério Público.

Havendo mais de dois mencionados, recomenda-se encontrar outra solução em vez de utilizar *esse* para o do meio.

É óbvio que para as variações desses pronomes demonstrativos (esta, essa, aquela, isto, isso, aquilo, deste, neste, daquele, etc.) vale a mesma orientação. Isso ocorre com diversas expressões decorrentes de uso frequente, em especial na linguagem jurídica, como se verá a seguir.

16 JULHO

ISSO POSTO / DESSA MANEIRA / DESSARTE ...

Seguindo a orientação do item anterior, expressões como *por isso, dessa maneira, isso posto, dito isso, diante disso, afora isso, além disso, em função disso, dessarte*, etc. em regra têm que ser grafadas com *ss*, e não com *st*.

Por que "em regra"? Porque em geral remetem para trás, para algo já mencionado. Por exemplo: para concluir sua argumentação, é correto usar *isso posto*, e não *isto posto*, porque remete aos argumentos utilizados ou aos fatos já mencionados. Se o fizesse em relação a argumentos ou fatos a serem expressos, sim, seria *isto posto*, mas, convenhamos, trata-se de situação no mínimo rara.

Vale o mesmo para todas as expressões semelhantes: *por isso, dessa maneira, dessa forma, dito isso, diante disso, afora isso, além disso, em função disso*, porque todas tendem a remeter para trás, para algo já mencionado. Claro, caso remeta para frente, para algo a ser mencionado, a forma correta será com *st*.

É necessário fazer menção especial à palavra *dessarte*, tão em voga no meio culto. Lamentavelmente, tanto se errou no uso de *destarte*, que a maioria dos dicionários consideram esta a forma correta, e não *dessarte*. O próprio Word marca como errada a forma *dessarte*. Até o significado da palavra (dessa maneira) denuncia que deve ser com *ss*, pois remete a algo já mencionado, para trás, portanto. Aliás, a formação da palavra se deu pela junção de *dessa* com *arte*.

Espaço para suas experiências (o que você quiser registrar)

_____
_____
_____

PRONOME PESSOAL, NÃO MESMO...

17 JULHO

A palavra *mesmo* pode exercer diversas funções na frase, sendo por isso muito usada, seja na linguagem coloquial, seja em ambientes formais. Vejamos:

Como **adjetivo**: São as *mesmas* situações de sempre. Elas *mesmas* realizaram a perícia.

Como **substantivo**: Disse-me o *mesmo* que você diria. Enriqueceu, mas continua o *mesmo*.

Como **advérbio**: *Mesmo* injustiçado, não perdeu o humor. Você quer *mesmo* recorrer da sentença?

Todos esses usos são corretos, mas há uma função que essa palavra não pode exercer, apesar da insistência, mesmo nos meios cultos; é a de pronome pessoal, quando usada no lugar de *ele, ela, eles* ou *elas*. Exemplos, entre muitos outros, de uso equivocado: Ouvida a vítima, a *mesma* informou... O advogado discordou da decisão do juiz, dizendo que o *mesmo* estava sendo incoerente.

Truque: Troque *o mesmo* (ou *a mesma, os mesmos, as mesmas*) por *ele, ela, eles* ou *elas*; se a troca der certo, é porque a palavra *mesmo* está sendo usada na função de pronome pessoal, e isso não pode. Se essa troca não funcionar, é porque o emprego está correto. Vamos testar usando os exemplos apresentados acima: Ouvida a vítima, a *mesma* informou... – Ouvida a vítima, *ela* informou. Portanto, é indevido o uso de *mesma*. O advogado discordou da decisão do juiz, dizendo que o *mesmo* estava sendo incoerente. – O advogado discordou da decisão do juiz, dizendo que *ele* estava sendo incoerente. Portanto, o uso de *mesmo* é incorreto.

18 JULHO

BEM / BOM – MAL / MAU

Em razão dos frequentes erros relacionados ao (mau) uso que se faz de *mal* e *mau*, cabe esclarecer sobre o assunto. Então, aí vai, já incluindo na bagagem seus opostos *bem* e *bom*:

Adjetivo ou advérbio? Enquanto *bem* e *mal* têm a função primordial de advérbio (além de substantivo, é claro; sem contar outras funções menos recorrentes), *bom* e *mau* são essencialmente adjetivos. Se são advérbios, *bem* e *mal* não podem variar (o leitor deve estar lembrado: advérbio não varia): Elas vão bem / mal. Na função de adjetivos, *bom* e *mau* sempre flexionam, concordando em gênero e número com o substantivo ou pronome a que se referem: Elas são boas / más.

Truque: Nunca há dúvida entre *bem* e *bom*; ela ocorre sempre entre *mal* e *mau*. Por isso mesmo, o truque consiste em trocar *mal* por *bem* ou *bom*. Se na troca der *bom*, o correto será *mau*; caso resulte em *bem*, o certo será *mal*. Vamos testar?

A estrada está mal (má) conservada. Fazendo a troca por *bem / bom*, não haverá dúvida que o correto será: A estrada está bem conservada; portanto: A estrada está mal conservada.

A estrada está em mal (mau) estado. Fazendo a troca por *bem / bom*, facilmente se perceberá que o certo é: A estrada está em bom estado; portanto: A estrada está em mau estado.

Outro exemplo: "Abaixo de mal tempo". Certo dia tive o dissabor de me encontrar com esse título de músicas. Não era música ainda em fase de ensaios, ou seja, em tempo de corrigir o erro, mas já gravada em CD, e assim estava na capa. É caso típico de mau português que faz muito mal, ou será de mal português que faz muito mau?

COMO LIDAR COM PALAVRAS E EXPRESSÕES ESTRANGEIRAS

19 JULHO

As línguas sempre interagiram, umas contribuindo com as outras, algumas mais outras menos, dependendo da proximidade cultural, seja em relação ao tempo, seja em relação ao espaço. Na gastronomia e na moda, por exemplo, em passado recente, sofremos destacada influência de França e Itália, o que se refletiu de forma veemente no vocabulário da língua portuguesa nessas atividades. Já na informática, a influência do inglês é avassaladora, porque é a língua em que se expressam as descobertas dessa área e das ciências em geral. Com o advento da globalização, que limitou as distâncias entre as diferentes culturas, essa interação idiomática se acentuou de forma ainda mais acelerada e intensa.

Enfim, não há, pelo menos por enquanto, orientação segura para lidar com palavras de língua estrangeira. No entanto, algumas orientações precisam ser seguidas, como estas:

Grafia: Adotando-se a forma original da língua estrangeira, a grafia tem que ser diferenciada, havendo duas formas adequadas para isso: entre aspas ou em itálico (grifo); por ser redundante, nunca se deve usar em itálico e entre aspas. Caso se adote a forma aportuguesada, deve-se grafar a palavra sem qualquer forma de distinção.

Coerência: Num mesmo texto, o autor precisa manter-se coerente, usando sempre a mesma forma, sem alternar.

Excessos: O excessivo uso de palavras e expressões estrangeiras causa mal-estar no leitor e muitas vezes é interpretado como exibicionismo. Assim, sugere-se moderação, usando-as quando são indispensáveis ou quando a linguagem técnica requer. Essa orientação vale também para as expressões latinas, cujo uso deve ser comedido.

Cuidados: Quando optar pela forma original da língua estrangeira, é preciso estar atento à correção na grafia. É necessário lembrar, por exemplo, que no latim não há acento gráfico, como em *data venia*, em *in memoriam*, etc. É importante estar seguro no uso de palavras, expressões e frases em língua estrangeira, pois qualquer desatenção pode formar conceitos danosos no leitor a respeito da competência do autor do texto.

20 JULHO

GRANDÍSSIMO OU GRANDESSÍSSIMO?

As duas palavras são formas de superlativo absoluto sintético, mas não têm o mesmo significado. O uso de *grandessíssimo* tem suscitado divergências. Segundo o *Dicionário Aurélio*, as duas palavras devem ser usadas em situações distintas, reservando-se *grandessíssimo* para casos em que se pretende "reforçar um desaforo" ou "elevar sobremaneira um insulto".

Aliás, não é de todo incomum o uso equivocado de formas características de aumentativo. Exemplo marcante se dá com a palavra *poetaço*. Querendo elogiar uma poetisa, seu prefaciador chamou-a de *poetaça*. Contam que a escritora se encheu de orgulho com o *elogio*. Ela também não sabia que *poetaço* significa mau poeta...

OLIMPÍADA OU OLIMPÍADAS?

Como acontece em todas as edições dos Jogos Olímpicos, na edição mais recente muitos comunicadores seguiram chamando-a de Olimpíadas, no plural, em vez do correto Olimpíada, no singular. A forma plural é reservada para quando se quiser fazer menção a mais de uma edição dos jogos, como em "as Olimpíadas realizadas no século passado". O que induz ao erro é o fato de ocorrerem muitas modalidades esportivas.

Espaço para suas experiências (o que você quiser registrar)
_____
_____
_____
_____
_____

POBRE VERBO "ADEQUAR"

21 JULHO

A correta conjugação do verbo *adequar* é uma dificuldade que está atingindo os mais altos escalões da comunicação, incluindo-se jornalistas, médicos, advogados e até mesmo magistrados das Altas Cortes. Recentemente, em alusão a um médico de São Paulo acusado de abusos contra pacientes, um Ministro da Suprema Corte afirmou que a conduta do profissional "não se adéqua aos ditames...". Com isso aderiu à lista de outros ilustres brasileiros, como Presidentes da República, Ministros de Educação, entre outros.

Diz a regra de conjugação que as formas rizotônicas desse verbo (as que carregam o acento tônico, que é o acento de pronúncia, na raiz) recebem o acento tônico no *u*, e não no *e*: adequo, adequas, adequa, adequam, adeque, adeques, adeque, adequem, e não adéquo, adéquas, adéqua, adéquam, adéque, adéques, adéque, adéquem.

Talvez o deslocamento do acento tônico para o *e* se deva ao fato de as formas corretas insinuarem palavra grosseira (*qu*), razão, aliás, que no passado fez alguns gramáticos não recomendarem seu uso. Nesse caso, os incomodados podem optar por forma composta: *é adequada*, ou trocar para o verbo *adaptar*, entre outras soluções.

Espaço para suas experiências (o que você quiser registrar)
_____
_____
_____
_____
_____
_____

22 JULHO

PARALIMPÍADA / PARAOLIMPÍADA

O certo seria *paraolimpíada*. Quando se quer realizar cortes, acréscimos ou substituições, nunca se faz na raiz da palavra (*olimp.*), mas no prefixo ou no sufixo (no final). Como o inglês, por seguir outra orientação, eliminou o *o* de *olympic*, para que houvesse padronização entre as diversas línguas, consultados, os brasileiros concordaram em cometer mais essa infração contra as normas do nosso idioma. Para haver pelo menos coerência no modelo infracional, deveria ser *paralympíada*. Considero isso mais uma submissão desnecessária. Aliás, experimente digitar *paralimpíada* no seu Word; verá o Colorado em campo, sublinhando a palavra em vermelho. Ou seja, até o Word sabe que o certo seria *paraolimpíada*.

BAGÉ / BAJEENSE

As normas oficiais de grafia, definidas por lei pela reforma ortográfica de 1943, determinam que todos os nomes de origem indígena, na dúvida entre *g* e *j*, sejam grafados com *j*. Ocorre que a grafia dominante de *Bagé* anteriormente a 1943 era com *g*. Isso gerou acirrada discussão na comunidade, até que, na década de 1970, um decreto-lei, atendendo a pedido de bajeenses ilustres, determinou que a grafia do nome do município fosse com *g*. Esqueceu-se o legislador que de *Bagé* deriva o gentílico *bageense*, que deveria ser grafado com *g*, mas que, por omissão do decreto-lei, precisa ser grafado com *j*, em cumprimento à Lei de 1943, que define as normas de grafia da língua portuguesa. Antes de publicar o decreto-lei, por que não entregaram o texto para um professor de Português revisar, ou para os competentes revisores gramaticais que trabalham no Legislativo federal?

Talvez fosse o caso de questionar a constitucionalidade do decreto-lei, já que ele se sobrepôs a uma lei. Alguém se anima? Enquanto isso não ocorre, continuemos com o lamentável paradoxo: *Bagé*, mas *bajeense*.

23 JULHO

VIAGEM / VIAJEM

Pergunta que me fazem com frequência: por que o substantivo *viagem* é grafado com *g*, enquanto a forma verbal *viajem* é escrita com *j* ("É bom que vocês viajem")? Irritados, às vezes acrescentam: "Por isso que é impossível aprender português". É certo que o português não é língua fácil, como também é certo que não existe língua fácil. Eu diria mais: não é possível ter o pleno domínio de qualquer idioma.

Mas, viajemos um pouco: o substantivo *viagem* é com *g*. A partir dele formou-se o verbo *viajar*, em que foi necessário mudar o *g* da raiz para *j*, em respeito ao princípio constitucional da língua portuguesa que determina escrever de acordo com a pronúncia; no entanto, em toda a conjugação do verbo *viajar* não encontramos razão para mudar de *j* para *g*, nem mesmo na terceira pessoa do plural do presente do subjuntivo, que é *viajem*, com *j*. Portanto, *viajem*, e façam boa *viagem*.

GRAFIA DE *CORONAVÍRUS*

Logo no início da pandemia, diversos leitores pediram para esclarecer a respeito da grafia de *coronavírus*, se é com acento e se a inicial deve ser maiúscula ou minúscula. Como se trata de palavra plenamente incorporada à língua portuguesa, deve ser acentuada; é substantivo comum que designa um vírus causador de doença, devendo por isso ser grafada com inicial minúscula, assim como os nomes comuns de qualquer doença.

Aliás, a palavra foi rapidamente incorporada ao léxico da língua, apesar de o Word (pelo menos a minha versão) não reconhecê-la como tal, pois a sublinha em vermelho. Fato raro: a contaminação foi tão rápida, que a ágil tecnologia da informação ficou para trás...

24 JULHO

TRANSCRIÇÕES DE TEXTOS ALHEIOS

Quando se transcreve texto de outro, alguns cuidados devem ser assumidos: 1. Nunca mexer no significado. 2. Quando se trata de texto antigo, em que, por razões históricas e/ou culturais, é interessante manter a grafia da época, também não se deve mexer. 3. Tratando-se de texto originário de Portugal ou de outro país de língua portuguesa que não o Brasil, recomendo manter a grafia original. 4. Nos demais casos, em que não há razão para não atualizar a grafia, por questões pedagógico-didáticas, deve-se proceder à correção, mas, repita-se, sem jamais interferir no significado.

DOIS MILHÕES

Dois milhões de doses de vacinas ou duas milhões de doses de vacinas. *Milhar, milhão, bilhão, trilhão,* etc. são classificados como substantivos masculinos, devendo, portanto, o numeral que os acompanha concordar com eles, no masculino: dois milhões de doses de vacinas.

Enquanto isso, abaixo de um milhão, as expressões numéricas se classificam como numerais, portanto sem gênero definido, o que as leva a concordar com o substantivo que as acompanha, no caso o substantivo feminino *doses*: duas mil doses de vacina, duzentas mil doses, novecentas e noventa e nove mil doses.

Espaço para suas experiências (o que você quiser registrar)

___
___
___
___

ÊS, ESA, ISA / EZ, EZA

25 JULHO

As palavras com esses sufixos que têm origem em substantivo, não importando se comum ou próprio, são grafadas com *s*: China – chinês, chinesa; montanha – montanhês; Pequim – pequinês; Portugal – português, portuguesa; poeta – poetisa; duque – duquesa; profeta – profetisa; sacerdote – sacerdotisa.

Quando têm como origem um adjetivo, a grafia será com *z*: frio – frieza; escasso – escassez; rápido – rapidez; rígido – rigidez; pobre – pobreza; rico – riqueza; estúpido – estupidez; largo – largueza; pequeno – pequenez; árido – aridez.

Na aplicação da regra, é essencial atentar para dois aspectos: ter clareza na distinção entre substantivo e adjetivo, e prestar atenção ao significado. Exemplo: *pequinês* (raça de cães) deriva do substantivo próprio *Pequim*, enquanto *pequenez* deriva do adjetivo *pequeno*; quanto ao significado, difere por completo.

OS NÚMEROS QUE IDENTIFICAM AS EMISSORAS DE RÁDIO

Nas expressões numéricas, o português, assim como a absoluta maioria dos idiomas, usa o ponto para separar os milhares e a vírgula para separar as frações; o inglês faz o contrário: usa vírgula onde usamos ponto, e ponto onde usamos vírgula. Por exemplo, para expressar dois mil dólares em algarismos, o inglês escreve: U$ 2,000.00, enquanto nós usamos U$ 2.000,00. É aqui que chegamos ao ponto: na identificação das emissoras de rádio, incoerentemente, não seguimos a mesma regra, usando ponto em vez de vírgula: 93.7, 101.3, 94.5, etc. Isso porque o sinal de pontuação a ser usado no caso deve indicar fração (104,5), e não milhar.

Então, nos modelos de automóveis comete-se o mesmo erro ao denominá-los 1.0, 1.6, 2.0, etc.? Não, porque esse ponto indica a potência do motor em milhares de cilindradas, cumprindo, portanto, sua correta função nessas expressões numéricas, ou seja: 1.000 cilindradas, 1.600 cilindradas, 2.000 cilindradas. Trata-se de uma forma lógica e inteligente de abreviar a informação.

26 JULHO

GANHAR DE GRAÇA

De acordo com os costumes em vigor, o que se ganha, se ganha, nada se cobrando em troca. Em outras acepções, o verbo *ganhar* pode indicar que houve algo em troca do que se ganhou. No jogo, por exemplo, só se ganha quando se joga, se aposta ou se disputa. Nesses casos é que se deve esclarecer, mas não quando o verbo *ganhar* tem o sentido de receber sem ônus. Portanto, basta dizer: *ganhar.* O mesmo vale para o que se dá, isto é, tudo o que se dá, se dá, nada esperando em troca. Por isso, é redundante dizer que *se dá de graça.* Simplesmente *se dá,* e pronto.

A NEVE BRANCA COBRIA OS CAMPOS.

Essa legenda de foto em cores mostrando a alvura dos campos, sem contar que nada revelava além do que a foto já mostrava, ofendia o leitor ao pressupor que este ignorava ser branca toda e qualquer neve. Como não se conhece neve que não seja branca, corrija-se pelo menos o teor da legenda: A neve cobria os campos.

Espaço para suas experiências (o que você quiser registrar)

___
___
___
___
___
___
___
___

27 JULHO

DEMENTE MENTAL

Todos sabem que na palavra *demente*, até por semelhança morfológica, está expressa a ideia de *mente* e, por extensão, de *mental*. Por isso e para corrigir mais um pecado linguístico, deve-se dizer apenas *demente*.

FOI UMA SURPRESA INESPERADA.

A surpresa seria ainda mais surpreendente se fosse esperada por todos... Não se consegue imaginar que alguém se surpreenda com algo esperado. Em outras palavras, deixemos de ser redundantes, dizendo: Foi uma surpresa.

Espaço para suas experiências (o que você quiser registrar)

_____
_____
_____
_____
_____
_____
_____
_____
_____
_____
_____
_____
_____

28 JULHO

O LADRÃO FOI CERCADO POR TODOS OS LADOS.

Por mais perigoso que fosse o ladrão, não havia necessidade de redundância. Quando algo está cercado, o cerco já é total. O resto é exagero. Portanto: O ladrão foi cercado.

JÁ HÁ ALGUNS ANOS ATRÁS SE FALAVA NISSO.

Como se não bastasse a forma verbal *falava* e o advérbio *já* indicando o passado, o autor redundou mais duas vezes: *há* e *atrás,* palavras que igualmente indicam tempo passado. Para evitar tanto passadismo, é bom não exagerar: Há alguns anos falava-se nisso; ou: Alguns anos atrás falava-se nisso. No máximo, pode-se reforçar com *já*: Há alguns anos já se falava nisso; ou: Alguns anos atrás já se falava nisso.

Espaço para suas experiências (o que você quiser registrar)

_____
_____
_____
_____
_____
_____
_____
_____
_____
_____
_____

29 JULHO

REPETIR DE NOVO

Só depois de repetir uma ou mais vezes alguém pode *repetir de novo*. Se a repetição estiver se dando pela primeira vez, basta *repetir*.

A MIM ME PARECE.

Por mais consagrada que esteja, não se pode concordar com redundância tão redundante... Se *me parece,* é evidente que estou falando por mim e não por outro. Ou, quem sabe, *a você me parece, a ti me parece,* ou ainda: *a nós me parece, a mim nos parece.* Parece-me e *a mim parece* são as formas corretas.

Espaço para suas experiências (o que você quiser registrar)

_____
_____
_____
_____
_____
_____
_____
_____
_____
_____
_____
_____

30 JULHO

MAS PORÉM

Sinônimos na adversidade, *mas* e *porém* são muitas vezes colocados lado a lado, como se um precisasse do outro. Ou se usa *mas,* ou *porém*. Há outras opções: *todavia, contudo, entretanto, no entanto*. Todas são corretas, desde que se use uma de cada vez.

PEIXE PARCELADO?

A campanha publicitária de um estabelecimento especializado no comércio de peixes dizia assim: "Aqui você compra peixe parcelado". Como seria esse parcelamento do peixe? Em porções, como cabeça, rabo, espinha, filé? A única certeza é que o peixe não seria inteiro. Desconfia-se que o grande argumento de venda é que o pagamento poderia ser parcelado. Então, corrija-se: "Aqui você pode parcelar o pagamento do peixe". Para ser clara a comunicação tem que chegar com clareza aos olhos e aos ouvidos do consumidor.

Espaço para suas experiências (o que você quiser registrar)
___
___
___
___
___
___
___
___

31 JULHO

VOMITOU IMPROPÉRIOS PELA BOCA.

Menos mal que o exaltado orador está fisiologicamente limitado a vomitar pela boca... O autor da frase é outro que deve evitar impropérios de linguagem e, mesmo preferindo o verbo *vomitar*, limitar-se a dizer: Vomitou impropérios.

MERGULHAR PARA DENTRO DA ÁGUA.

É possível mergulhar para fora da água, mas é perigoso e pouco provável que algum cidadão em estado normal o faça. Por isso, é preferível apenas *mergulhar*.

Espaço para suas experiências (o que você quiser registrar)

_____
_____
_____
_____
_____
_____
_____
_____
_____
_____
_____
_____
_____
_____

ANOTAÇÕES DE JULHO E/OU AGOSTO

AGOSTO

Sentidos pêsames 1
Como estava previsto anteriormente 1
Estou no meu melhor peso ideal 2
Meio ambiente 2
Deus ajuda a quem cedo madruga 3
O setor também enfrenta os mesmos problemas 3
A bola roda girando no gramado 4
Receber o dobro é mais vantajoso 4
O jogo só termina quando acaba 5
Ele mesmo se autoajudou 5
A instalação de indústrias é a principal prioridade um 6
Aperte o cinto enquanto estiver sentado 6
As relações bilaterais entre os dois países... 7
Tráfico ilegal de crianças deve ser proscrito 7
O trabalho está em acabamento final 8
No valor unitário de R$ 10,00 cada 8
Havia goteiras no teto da escola 9
Pomar de frutas 9
Faz parte integrante da diretoria 10
Decreto governamental 10
O juiz deferiu favoravelmente o pedido do réu 11
É consenso geral 11
Nunca tira o cigarro fora da boca 12
Cálculos hepáticos no fígado 12
Vem junto comigo 13
Orar em oração 13
Desconhece-se a razão do porquê do apelido 14
A sala foi dividida em duas metades iguais 14

Vadear é próprio dos vadios 15
É necessário se previnir contra os assaltos..15
Se caso eu não puder vir... 16
O tráfico das grandes cidades é estressante 16
Hábitat ou *habitat*? 17
Câmpus ou *campus*? 17
Currículo ou *curriculum*? 18
Per capita...18
Seleção jogou mal frente aos argentinos 19
O expectador saiu frustrado do espetáculo.......................................19
Essa senhora deveria ser menos resina 20
O locador destratou o negócio já acertado 20
O assassino exitou, mas confirmou ser o autor do crime 21
A nota oficial foi vinculada em toda a imprensa............................21
Daqui há quatro anos haverá nova Olimpíada 22
Para desencargo de consciência... 22
As medidas do governo vão de encontro aos anseios
da população 23
Os votos foram depositados aparte 23
O maior problema do Brasil é a amoralidade 24
A terraplanagem já está concluída..24
Para o ministro o povo é apenas um assessório..............................25
Dirija-se à sessão de cobrança 25
Mesmo contrariado, o servidor informou estar ao par................26
O presidente quer saber como a notícia vasou 26
Acendeu ao cargo por méritos próprios..27
O empresário teve suas contas dessecadas 27
Os Correios exigem que o envelope seja subscritado 28
O ácido ascético é prejudicial à saúde 28
A defesa do réu vibrou com o diferimento do pedido 29
O sedente solicita o protesto do título 29
A embaixadora acompanhou o embaixador 30
O Governo Federal está tachando demais 30
Fazenda delata prazo de pagamento 31
A brocha do pintor estava muito gasta 31

1 AGOSTO

SENTIDOS PÊSAMES

Apesar de consagrada, a expressão peca por evidente redundância. *Pêsames* deriva de *pesar*, que implica *sentir*, daí *sentidos*. Como toda redundância, pode deixar o destinatário em dúvida sobre o verdadeiro sentimento do emissor da mensagem, pois a insistência ativa o *desconfiômetro*. Portanto, é melhor limitar-se aos simples *pêsames*.

COMO ESTAVA PREVISTO ANTERIORMENTE

Só se pode prever anteriormente, porque *prever* quer dizer *ver antes*. Aliás, que graça teria *prever depois*?

Espaço para suas experiências (o que você quiser registrar)

2 AGOSTO

ESTOU NO MEU MELHOR PESO IDEAL.

Assim como o corpo, também a linguagem precisa ser elegante e sem redundâncias. O *ideal* é sempre o *melhor* que se quer. Portanto, deve-se optar: Estou no meu melhor peso; ou: Estou no meu peso ideal.

MEIO AMBIENTE

Apesar de irreversivelmente consagrada, convém saber que esta expressão contém uma redundância, pois não há diferença de sentido entre *meio* e *ambiente*.

Espaço para suas experiências (o que você quiser registrar)

___
___
___
___
___
___
___
___
___
___
___
___
___
___

3 AGOSTO

DEUS AJUDA A QUEM CEDO MADRUGA.

É importante que Deus continue ajudando, mesmo aos redundantes. *Cedo* nada acrescenta a *madruga*. Não é possível madrugar tarde. Portanto, ainda está em tempo de corrigir esta conhecida e valiosa frase: Deus ajuda a quem madruga.

O SETOR TAMBÉM ENFRENTA OS MESMOS PROBLEMAS.

Opte-se entre *também* e *os mesmos,* e estará eliminada mais uma redundância. Afinal, por que *também* se os problemas são *os mesmos?*

Espaço para suas experiências (o que você quiser registrar)

_____
_____
_____
_____
_____
_____
_____
_____
_____
_____
_____
_____
_____
_____
_____

4 AGOSTO

A BOLA RODA GIRANDO NO GRAMADO.

E o entusiasmado locutor por pouco não rodou, girando em torno de sua própria sorte... Por ser redonda, a bola roda ou gira, gira ou roda. As duas ao mesmo tempo são vítimas do vício da redundância. Deve-se optar: A bola roda no gramado; ou: A bola gira no gramado.

RECEBER O DOBRO É MAIS VANTAJOSO.

Muito mais, é claro! Seja como for, continuaremos levando a mesma vantagem em tudo se eliminarmos o *mais*. Certo?

Espaço para suas experiências (o que você quiser registrar)

___
___
___
___
___
___
___
___
___
___
___
___
___
___
___

5 AGOSTO

O JOGO SÓ TERMINA QUANDO ACABA.

Impressionado com a reação da equipe, que perdia, o comentarista se descuidou a poucos minutos do final do jogo, tropeçou na bola e sacou uma redundância terminal... Terminado o jogo, voltou a si e corrigiu: A esperança só termina quando o jogo acaba.

ELE MESMO SE AUTOAJUDOU.

Por maior que seja o sentimento de piedade que alguém possa alimentar, não se pode tolerar tamanha redundância. *Mesmo* e *auto* são sinônimos no egoísmo; deve-se optar: Ele se autoajudou; ou: Ele mesmo se ajudou.

Espaço para suas experiências (o que você quiser registrar)

_____
_____
_____
_____
_____
_____
_____
_____
_____
_____
_____
_____
_____

6 AGOSTO

A INSTALAÇÃO DE INDÚSTRIAS É A PRINCIPAL PRIORIDADE UM.

Que o Prefeito tenha muitas prioridades é perfeitamente compreensível; que tenha a prioridade principal ou a de número um, também é natural, mas terá que escolher entre a principal e a um, pois do contrário será redundante. Espera-se que em suas próximas declarações inclua o bom português entre suas prioridades e diga: A instalação de indústrias é a principal prioridade (ou a prioridade um).

APERTE O CINTO ENQUANTO ESTIVER SENTADO.

Calma! Não há a intenção de mandar soltar o cinto quando se estiver de pé, induzindo ao risco de se deixar caírem as calças. A intenção desse aviso encontrado na montanha-russa era levar o usuário a sentar-se e apertar o cinto. Poderiam ter feito isso de muitas formas, como esta: Sente-se e aperte o cinto enquanto o carro estiver em movimento.

Espaço para suas experiências (o que você quiser registrar)

_____
_____
_____
_____
_____
_____
_____
_____

7 AGOSTO

AS RELAÇÕES BILATERAIS ENTRE OS DOIS PAÍSES...

Antes que essas boas relações se compliquem, convém eliminar os exageros naturais de quem se empolga. *Bi* e *dois* estão na mesma linha semântica, repetindo-se. Os dois lados nada perderão se eliminarmos a redundância: As relações entre os dois países.

TRÁFICO ILEGAL DE CRIANÇAS DEVE SER PROSCRITO.

O de redundâncias também, pois fere as boas comunicações. Todo tráfico é ilegal por definição, não havendo necessidade de insistir nesse conceito, muito menos confundi-lo com *tráfego,* palavra cujo sentido nada inclui de ilegal, significando apenas *circulação*. Corrija-se a frase: O tráfico de crianças deve ser proscrito.

Espaço para suas experiências (o que você quiser registrar)

8 AGOSTO

O TRABALHO ESTÁ EM ACABAMENTO FINAL.

Em linguagem, a ordem dos fatores pode alterar, sim, o produto. O informante quis comunicar que o trabalho estava em final de acabamento, mas trocou a ordem das palavras. Em vez de externar uma informação precisa, acabou sendo redundante, pois *acabamento* e *final* se repetem. Corrija-se: O trabalho está em final de acabamento.

NO VALOR UNITÁRIO DE R$ 10,00 CADA.

Basta um pouco de atenção para perceber a redundância. *Unitário* e *cada* expressam a mesma ideia de unidade, devendo-se optar: No valor unitário de R$ 10,00; ou: No valor de R$ 10,00 cada.

Espaço para suas experiências (o que você quiser registrar)

_____
_____
_____
_____
_____
_____
_____
_____
_____
_____
_____

9 AGOSTO

HAVIA GOTEIRAS NO TETO DA ESCOLA.

Na cabeça de autores de frases como esta também. Se eram goteiras, só poderiam estar no teto, e não nas paredes, muito menos no assoalho, a não ser que, misteriosamente, pingassem de baixo para cima. Corrigindo: Havia goteiras na escola.

POMAR DE FRUTAS

Basta dizer *pomar,* porque ele só pode ser de frutas, e não de hortaliças, milho, soja, bovinos, suínos...

Espaço para suas experiências (o que você quiser registrar)

_____
_____
_____
_____
_____
_____
_____
_____
_____
_____
_____
_____
_____
_____
_____
_____

10 AGOSTO

FAZ PARTE INTEGRANTE DA DIRETORIA.

Todo aquele que integra a diretoria, dela faz parte, e vice-versa, não havendo necessidade de insistir nessa informação. Não deixará de fazer parte ou de integrar a diretoria se se afirmar: Faz parte da diretoria; ou: Integra a diretoria.

DECRETO GOVERNAMENTAL

Além dos governos, ninguém tem autoridade para decretar. Em outras palavras, todo decreto, por definição, é governamental, não havendo decreto capaz de mudar isso. Diga-se apenas: *Decreto*.

Espaço para suas experiências (o que você quiser registrar)

___
___
___
___
___
___
___
___
___
___
___
___
___
___

11 AGOSTO

O JUIZ DEFERIU FAVORAVELMENTE O PEDIDO DO RÉU.

E a vítima foi novamente o português, que teve *diferida* sua ânsia de preservação. O verbo *deferir* e o substantivo *deferimento,* por si sós, já informam ter havido despacho favorável, não se justificando a repetição dessa ideia. Portanto: O juiz deferiu o pedido do réu. Da mesma forma, *diferir* e *indeferir* já expressam a ideia de discordância, assim como *diferimento* e *indeferimento.* Uma coisa é certa: quando alguém pede *diferimento,* tem tudo para ser atendido, a não ser que a autoridade responsável *difira* dos conceitos aqui expostos.

É CONSENSO GERAL.

Se é consenso, só pode ser geral. Em outras palavras, não existe consenso parcial. Portanto, basta dizer: É consenso.

Espaço para suas experiências (o que você quiser registrar)

12 AGOSTO

NUNCA TIRA O CIGARRO FORA DA BOCA.

O exagero do fumante não justifica a redundância da frase. O sentido da palavra *fora* se encontra no verbo *tirar*. Portanto, basta dizer: Nunca tira o cigarro da boca.

CÁLCULOS HEPÁTICOS NO FÍGADO

Vinda do grego, a palavra *hepatos* significa *fígado*. Portanto, todo cálculo hepático se forma no fígado. Assim, a frase "deu no fígado" do leitor, que teria preferido ler: Cálculos hepáticos; ou: Cálculos no fígado.

Espaço para suas experiências (o que você quiser registrar)

___
___
___
___
___
___
___
___
___
___
___
___
___
___

13 AGOSTO

VEM JUNTO COMIGO.

A rigor, bastaria dizer *vem*, mas aceitemos um reforço: *Vem comigo*. Mais do que isso é pura redundância.

ORAR EM ORAÇÃO

Oração deriva de *orar;* portanto, enquanto estivermos orando estaremos em oração. Aliás, uma oraçãozinha em favor de autores de frases como essa não é má ideia.

Espaço para suas experiências (o que você quiser registrar)

_____
_____
_____
_____
_____
_____
_____
_____
_____
_____
_____
_____
_____
_____
_____
_____
_____
_____

14 AGOSTO

DESCONHECE-SE A RAZÃO DO PORQUÊ DO APELIDO.

A razão ou o porquê das redundâncias, no entanto, é bem conhecido: é a desatenção. Basta lembrar que *razão* e *porquê* são sinônimos. Um elimina o outro, podendo-se escolher: Desconhece-se a razão do apelido; ou: Desconhece-se o porquê do apelido.

A SALA FOI DIVIDIDA EM DUAS METADES IGUAIS.

Não se tem notícia de metades que não sejam iguais; portanto, a palavra *iguais* está sobrando.

Espaço para suas experiências (o que você quiser registrar)

_____
_____
_____
_____
_____
_____
_____
_____
_____
_____
_____
_____
_____
_____
_____

15 AGOSTO

VADEAR É PRÓPRIO DOS VADIOS.

Não! *Vadear* é atravessar a pé. *Vadiar* é que é próprio dos vadios, que têm vida ociosa, que vagabundeiam.

É NECESSÁRIO SE PREVINIR CONTRA OS ASSALTOS.

Até mesmo contra os pequenos grandes assaltos ortográficos que trocam o *e* pelo *i*. Autores mais prevenidos escrevem *prevenir*, e não *previnir*.

Espaço para suas experiências (o que você quiser registrar)

16 AGOSTO

SE CASO EU NÃO PUDER VIR...

Se por acaso o autor da frase voltar a usar a expressão, que faça a escolha entre uma das seguintes opções: *se acaso, se por acaso*, ou simplesmente *caso*. O que não pode é ser redundante, pois *se* e *caso* são sinônimos.

O TRÁFICO DAS GRANDES CIDADES É ESTRESSANTE.

Mesmo sem entrar no mérito, o leitor da frase se depara imediatamente com uma questão intrigante: quis o informante se referir ao *tráfico* (qualquer negócio ilícito) ou ao *tráfego* (trânsito)? Inteligentes, todos acreditam que o informante cometeu pequeno deslize: quis referir-se ao *tráfego*, mas disse *tráfico*.

Espaço para suas experiências (o que você quiser registrar)

17 AGOSTO

HÁBITAT OU *HABITAT*?

Aceitando-se a forma aportuguesada *hábitat,* deve-se usar acento, pois se trata de palavra proparoxítona; interpretando-a como palavra latina, não há acento, devendo-se usá-la entre aspas ou, de preferência, em *italic,* caracterizando, assim, palavra estranha ao português.

CÂMPUS OU *CAMPUS*?

Repete-se o mesmo caso. Havendo resistência à tradução para *campo*, as universidades têm preferido a forma latina: *Campus Universitário,* mas nem sempre alertam para o fato de ser palavra estranha ao idioma nacional, usando-a entre aspas ou em *italic*. A tendência é que a palavra acabe integrada ao léxico português e, como tal, seja contemplada com acento circunflexo, pois se trata de paroxítona terminada em *us*. O plural de *campus,* no latim, é *campi;* em português, seguindo-se a mesma lógica, seria *câmpi,* com acento. O que não pode, em ambos casos, aportuguesar sem aplicar a regra de acentuação.

Espaço para suas experiências (o que você quiser registrar)

_____
_____
_____
_____
_____
_____
_____
_____
_____

18 AGOSTO

CURRÍCULO OU *CURRICULUM*?

No futuro, é provável que se use apenas a palavra *currículo*, plenamente integrada à língua. Mas, por enquanto, usa-se *currículo* mais com os sentidos de *curso, atalho* e *ato de correr*. Enquanto isso, com o sentido da expressão latina *curriculum vitae*, já está em curso a forma aportuguesada *currículo*, numa palavra só. Aproveita-se para lembrar que o plural da forma latina é *curricula*.

PER CAPITA

Expressão latina de uso consagrado no português, teria como tradução literal *por cabeça*, usada apenas em linguagem coloquial. Para quem não gosta da forma latina, existe a opção, já consagrada, *por habitante*. Usando *per capita*, não custa insistir, deve-se usar entre aspas, ou em *italic*.

Espaço para suas experiências (o que você quiser registrar)

19 AGOSTO

SELEÇÃO JOGOU MAL FRENTE AOS ARGENTINOS.

Não existe *frente a*. Então é *em frente aos argentinos*. Se tivesse jogado para uma plateia composta de argentinos contra outro adversário, a frase estaria correta. Como não foi esse o caso, e sim o jogo realizado contra os argentinos, a opção também está errada. Então aí vai uma forma correta e simples: Seleção jogou mal contra os argentinos.

O EXPECTADOR SAIU FRUSTRADO DO ESPETÁCULO.

Mais frustrado ainda fica quem zela pelo seu idioma quando se depara com palavra tão mal interpretada como *expectador* nesta frase. *Expectador* é o que tem expectativa, esperança; o assistente ou testemunha, como no caso da frase, é chamado de *espectador*, com *s*.

Espaço para suas experiências (o que você quiser registrar)

_____
_____
_____
_____
_____
_____
_____
_____
_____
_____

20 AGOSTO

ESSA SENHORA DEVERIA SER MENOS RESINA.

O irritado político estava se referindo à teimosia da senhora, mas acabou lhe atribuindo um defeito que seguramente não lhe chamou atenção: o de ser uma substância oleosa. Quando se acalmar, com certeza dirá que a senhora deveria ser menos *rezina*, ou seja, teimosa.

O LOCADOR DESTRATOU O NEGÓCIO JÁ ACERTADO.

Não deve o leitor pensar que o *otário*, ou melhor, o locatário, foi ofendido, insultado. Na verdade, o autor da frase se enganou por apenas uma letra, pois o que o locador fez foi *distratar*, ou seja, desfazer o trato. Assim, só falta corrigir a frase: O locador distratou o negócio já acertado.

Espaço para suas experiências (o que você quiser registrar)

21 AGOSTO

O ASSASSINO EXITOU, MAS CONFIRMOU SER O AUTOR DO CRIME.

O repórter policial é que foi pouco *exitoso*. Não poderia sequer ter *hesitado* na grafia da forma verbal *hesitou*. Menos mal que não se *excitou* diante da confissão do criminoso. Para desfazer toda essa confusão, esclareça-se: êxito = sucesso; *hesitar* = titubear; *excitar* = exaltar, estimular.

A NOTA OFICIAL FOI VINCULADA EM TODA A IMPRENSA.

São muitos os usuários do português que, *desvinculados* do seu idioma, cometem essa gafe. Notícias, notas oficiais, publicidade, propaganda e outras matérias são veiculadas por meio de algum *veículo* de comunicação, como jornal, revista, rádio, televisão, mídia eletrônica, etc. Portanto, é preciso corrigir: A nota oficial foi veiculada em toda a imprensa.

Espaço para suas experiências (o que você quiser registrar)

_____
_____
_____
_____
_____
_____
_____
_____
_____

22 AGOSTO

DAQUI HÁ QUATRO ANOS HAVERÁ NOVA OLIMPÍADA.

Existe nesta frase uma contradição em relação ao tempo: começa no presente (*há*) e termina no futuro (*haverá*). Acontece que *há*, do verbo *haver*, em relação ao tempo, só pode ser usado para referir passado. Quando se quer fazer alusão a tempo futuro, usa-se a preposição *a:* Daqui a quatro anos... Querendo indicar distância, também se deve utilizar a preposição *a:* Estava a dois metros. Corrigindo, a frase fica assim: Daqui a quatro anos haverá nova Olimpíada.

PARA DESENCARGO DE CONSCIÊNCIA...

Antes que a frase continue, deve-se avisar o autor de que *desencargo* quer dizer *desobrigação, sem compromisso,* quando, com certeza, quis se referir ao *alívio* de consciência; portanto, *descargo*.

Espaço para suas experiências (o que você quiser registrar)
_____
_____
_____
_____
_____
_____
_____
_____
_____

23 AGOSTO

AS MEDIDAS DO GOVERNO VÃO DE ENCONTRO AOS ANSEIOS DA POPULAÇÃO.

Esta frase, dita por alta autoridade do Governo Federal, apesar de contrariar o pensamento de seu autor, acabou refletindo a verdade, pois o tempo mostrou que era isso mesmo. Acontece que *de encontro a* significa que é *em prejuízo de*. Quando se quer favorecer, deve-se ir *ao encontro de*.

OS VOTOS FORAM DEPOSITADOS APARTE.

Apartando o certo do errado, deve-se esclarecer que *aparte* é o que alguém pede e o orador concede, enquanto que nessa frase é *à parte*, já que se quis informar que os votos foram depositados em separado, *à parte*.

Espaço para suas experiências (o que você quiser registrar)

_____
_____
_____
_____
_____
_____
_____
_____
_____
_____
_____

24 AGOSTO

O MAIOR PROBLEMA DO BRASIL É A AMORALIDADE.

Com certeza, o comentarista foi demasiado generoso, pois certamente acredita que o problema é mesmo o da *imoralidade*. É muito mais grave ser *imoral*, ou seja, ferir a moral, do que ser *amoral*, isto é, ser indiferente à moral.

A TERRAPLANAGEM JÁ ESTÁ CONCLUÍDA.

Talvez porque o terreno já estivesse *plano*, o autor da frase tenha se decidido pela palavra *terraplanagem*. Na verdade, apesar de essa palavra estar em vias de consagração, o correto é *terraplenagem*, pois deriva de *terraplenar*, ou seja, deixar *pleno* de terra.

Espaço para suas experiências (o que você quiser registrar)

25 AGOSTO

PARA O MINISTRO O POVO É APENAS UM ASSESSÓRIO.

E para o autor da frase a ortografia é apenas um *detalhe*, pois teria que ter grafado *acessório*, e não *assessório*. Quando for assessor ou assistente de alguém, então sim será um *assessório*. *Acessório* é algo complementar, um pertence de algum instrumento ou máquina.

DIRIJA-SE À SESSÃO DE COBRANÇA.

Como não se pode admitir que os funcionários do setor de cobrança estejam em permanente reunião, é evidente que a comunicação está errada. De *seccionar* deriva *secção*, que, por sua vez, originou a forma opcional *seção*, sinônimo de *setor, departamento*. *Sessão*, com *ss*, sempre implica reunião de determinado número de pessoas: sessão da Câmara de Vereadores, sessão de cinema, sessão de umbanda... Já *cessão* deriva do verbo *ceder:* cessão de direitos, de espaço...

Espaço para suas experiências (o que você quiser registrar)

_____
_____
_____
_____
_____
_____
_____
_____

26 AGOSTO

MESMO CONTRARIADO, O SERVIDOR INFORMOU ESTAR AO PAR.

Muito estranho esse servidor. Ou ele ou o autor da frase, ou, quem sabe, ambos não sabiam que *ao par* quer dizer estar de acordo. Com toda a certeza, quiseram informar que estavam *a par*, ou seja, cientes.

O PRESIDENTE QUER SABER COMO A NOTÍCIA VASOU.

Antes disso, é preciso esclarecer que o português também *vazou*. O verbo é *vazar*, isto é, com *z*, em toda a sua conjugação, enquanto o substantivo é com *s: vaso*. Como tudo o que *vaza* fica *vazio*, diga-se de passagem que todas as formas derivadas do verbo também são grafadas com *z: vazio, esvaziar, esvaziamento*, etc.

Espaço para suas experiências (o que você quiser registrar)

_____
_____
_____
_____
_____
_____
_____
_____
_____
_____
_____
_____

27 AGOSTO

ACENDEU AO CARGO POR MÉRITOS PRÓPRIOS.

Para que não se pense que alguém ateou fogo na autoridade, corrija-se o verbo para *ascendeu* (subiu, elevou-se). Por extensão, também não se erre mais dizendo da *acensão* de alguém, mas sim da *ascensão*.

O EMPRESÁRIO TEVE SUAS CONTAS DESSECADAS.

Para que não se pense que o empresário teve suas contas enxugadas, secadas, o que seria uma arbitrariedade digna das mais cruéis ditaduras, corrija-se a frase trocando *dessecadas* por *dissecadas*, isto é, analisadas detalhadamente.

Espaço para suas experiências (o que você quiser registrar)

28 AGOSTO

OS CORREIOS EXIGEM QUE O ENVELOPE SEJA SUBSCRITADO.

Estamos diante de uma comunicação em que se cometem dois *pecados*: endereçar o envelope é uma necessidade muito mais do remetente do que da Empresa de Correios e Telégrafos, que, se assim não fosse, não teria para quem entregar a correspondência. Em segundo lugar, os Correios não exigem que o envelope seja *subscritado*, isto é, assinado.

O ÁCIDO ASCÉTICO É PREJUDICIAL À SAÚDE.

E saiba o doutor que cometer erros tão grosseiros de grafia é prejudicial à imagem de quem escreve. Sempre que for ácido será *acético*; jamais *ascético*, e muito menos *asséptico*. *Asséptico* é relativo a assepsia, ou seja, quando isento de germes patogênicos. Dizendo respeito aos ascetas, ao místico, devoto, contemplativo, a palavra correta é *ascético*.

Espaço para suas experiências (o que você quiser registrar)

___
___
___
___
___
___
___
___
___

29 AGOSTO

A DEFESA DO RÉU VIBROU COM O DIFERIMENTO DO PEDIDO.

É a lei da vida: bom para uns, ruim para outros. No caso, bom para o réu e seus defensores, ruim para o português, que *difere* do mau uso da palavra *diferimento* na frase, pois sabe-se que, a bem da verdade, houve *deferimento* por parte do juiz. O autor da frase, é certo, errou por pouco: *apenas* inverteu o sentido...

O SEDENTE SOLICITA O PROTESTO DO TÍTULO.

Esta comunicação interbancária peca pelo excesso de sede de cobrança, atribuída àquele que *cedeu* o título. Esclarecendo melhor: *sedente* é o que tem *sede*, enquanto *cedente* é o proprietário do título que o *cede* ao banco, para que este efetue a cobrança.

Espaço para suas experiências (o que você quiser registrar)

30 AGOSTO

A EMBAIXADORA ACOMPANHOU O EMBAIXADOR.

Como eram do mesmo país, a frase deixou dúvidas, pois não é possível que um país tenha dois embaixadores em outro país. Soube-se depois que, a bem da verdade, se tratava da *embaixatriz*, isto é, da esposa do embaixador. *Embaixadora* é a mulher que exerce a função de embaixador.

O GOVERNO FEDERAL ESTÁ TACHANDO DEMAIS.

Se ficarmos na intenção do comentarista, acredita-se que todos os brasileiros estejam de acordo. Do ponto de vista semântico, no entanto, está tudo errado, pois o Governo Federal ainda não chegou ao extremo de *tachar* o povo brasileiro, ou seja, de introduzir percevejos ou pequenos pregos na população. O que faz, e com toda voracidade, é *taxar*, com *x*, isto é, aplicar *taxas* e mais *taxas*...

Espaço para suas experiências (o que você quiser registrar)

_____
_____
_____
_____
_____
_____
_____
_____
_____

31 AGOSTO

FAZENDA DELATA PRAZO DE PAGAMENTO.

O rigorismo das autoridades fazendárias não chegaria ao absurdo de denunciar, acusar, o prazo de pagamento, como afirma o autor da frase. O que houve, a bem da verdade, foi uma generosa prorrogação (dilatação) no prazo. Portanto: Fazenda dilata prazo de pagamento.

A BROCHA DO PINTOR ESTAVA MUITO GASTA.

Não se tem notícia de pintor que use prego – isto é, *brocha* – para pintar, nem mesmo quando muito gasto, mas sim pincel, ou seja, *broxa*.

Espaço para suas experiências (o que você quiser registrar)
___
___
___
___
___
___
___
___
___
___
___
___
___
___

ANOTAÇÕES DE AGOSTO E/OU SETEMBRO

SETEMBRO

O acusado descriminou todas as despesas efetuadas 1
O país vive uma somatória de crises 1
A *grosso modo*, foi o que aconteceu 2
O engano passou desapercebido dos técnicos 2
O religioso caracteriza-se pela discreção 3
Nestes termos, pede diferimento 3
Em sua campanha eleitoral, o ex-presidente contou
com vultuosos recursos escusos 4
A corrupção sempre foi grande impecilho para o
desenvolvimento do país 4
Em *mãe-d'água* ocorre o uso de apóstrofe 5
A maioria prefere móveis invernizados 5
A autoridade interveio no momento asado 6
Túnel Prefeito Marcello Alencar / Extenção: 3.394m 6
Qualidades do texto moderno 7
1 – Clareza 7
2 – Objetividade 8
3 – Concisão 9
4 – Precisão 10
5 – Alguns casos de imprecisão 11
O técnico estava com o ânimo arreado 12
O juiz decidiu pelo aresto dos bens 12
Essas medidas imanaram dos mais legítimos anseios populares ... 13
O rico empresário imergiu do nada 13
Ele é o az do basquete 14
Os primeiros emigrantes alemães vieram em 1824 14
O governo arroxou os salários 15
A categoria reinvindica melhores salários 15

O tráfico de drogas deve ser definitivamente prescrito 16
Origem do laranja 16
A empresa foi vítima de expionagem industrial......................17
Este sabonete tem uma flagrância interessante 17
A situação está russa 18
Esta alteração ratifica o teor da ordem de serviço 18
Receba os estratos em seu celular 19
Os campos estavam branquiados de tanta geada 19
O motorista teve sua carteira caçada 20
As selas dos presidiários são muito acanhadas 20
O senso mostrou que as diferenças regionais se acentuaram 21
Em vez de estudar, a maioria dos alunos passa o tempo folhando os livros..21
É um jovem ainda insipiente em política 22
A justiça infringiu duras penas aos estupradores...................22
O traficante foi inquerido sobre seus companheiros...................23
O gaiteiro foliou a gaita 23
O atleta serrou os punhos e vibrou intensamente........................24
O secretário ficou roborizado com o que viu 24
A tendência do moderno comércio é o alto-serviço.................25
O paciente acusou dores toráxicas..25
Demais X De mais 26
As cores da tela estão bem consertadas.....................................27
O lutador colocou seu título em cheque 27
O veranista foi vítima de uma insulação 28
Foi solicitada a interseção da polícia 28
Aqui você come as melhores maças da cidade 29
O experto especialista foi brilhante 29
A receita que deu errado. 30
As costureiras já estão cozendo as fantasias de carnaval. 30

1 SETEMBRO

O ACUSADO DESCRIMINOU TODAS AS DESPESAS EFETUADAS.

Acuse-se o autor da frase, que, de forma absurda, livrou as despesas do crime, pois é isso que o verbo *descriminar* significa, ou seja, *inocentar, isentar de crime, tirar a culpa*. Como quis informar que o acusado discerniu, separou todas as despesas efetuadas, deveria ter usado o verbo *discriminar*, com *i*. É também o caso das conhecidas e maltratadas expressões *discriminação racial, discriminação religiosa*, entre tantas outras formas de *discriminação* que, de maneira equivocada, volta e meia viram *descriminação*.

O PAÍS VIVE UMA SOMATÓRIA DE CRISES.

E o português também. Aliás, o português vive vários somatórios de crises. Mesmo porque não existe a palavra feminina *somatória*.

Espaço para suas experiências (o que você quiser registrar)

_____
_____
_____
_____
_____
_____
_____
_____
_____

2 SETEMBRO

A *GROSSO MODO*, FOI O QUE ACONTECEU.

Para que ninguém pense ter o depoente omitido fatos e que o tenha feito de forma *grosseira*, elimine-se o *a* inicial da frase. Em outras palavras, não existe *a grosso modo*, mas sim *grosso modo*, expressão que deve ser grafada sempre entre aspas, ou em *italic*, por ser italiana, não estando incorporada ao português.

O ENGANO PASSOU DESAPERCEBIDO DOS TÉCNICOS.

O erro envolvendo o uso das palavras *desapercebido* e *despercebido* também passa *despercebido* da maioria dos usuários do português. Enquanto *desapercebido* tem o sentido de *desprovido, desprevenido, desguarnecido*, seu parônimo *despercebido* significa *não visto, não notado, não observado*.

Espaço para suas experiências (o que você quiser registrar)

_____
_____
_____
_____
_____
_____
_____
_____
_____
_____

3 SETEMBRO

O RELIGIOSO CARACTERIZA-SE PELA DISCREÇÃO.

E o autor da frase pela *indiscrição* com o uso de palavras que não existem, como *discreção*; existe, sim, *discrição*, significando a qualidade de ser discreto. Porém, não deriva de *discreto*? Não, deriva do latim *discritio*. Palavra parônima de *discrição* é *descrição*, que é o ato de descrever.

NESTES TERMOS, PEDE DIFERIMENTO.

Nunca foi tão fácil para a autoridade *diferir*. Ao solicitar que seu pedido não fosse atendido, o postulante obteve atendimento instantâneo, algo inédito na burocracia brasileira. Para evitar mal-entendidos como esse, é conveniente que se esclareça definitivamente: *deferir* (daí *deferimento*) significa *conceder, outorgar*. Portanto, pede-se *deferimento*. Quando se quer afirmar o contrário, divergir ou adiar, use-se *diferir* (daí *diferimento*), ou *indeferir* (daí *indeferimento*).

Espaço para suas experiências (o que você quiser registrar)

_____
_____
_____
_____
_____
_____
_____
_____

4 SETEMBRO

EM SUA CAMPANHA ELEITORAL, O EX-PRESIDENTE CONTOU COM VULTUOSOS RECURSOS ESCUSOS.

Que o ex-presidente dispôs de recursos escusos pode ser. Que os recursos não foram *vultuosos*, mas *vultosos*, é verdade que o informante desconhecia. Acontece que *vultuoso* quer dizer *vermelho, inchado* (provavelmente com caxumba...). *Vultoso*, por sua vez, deriva de *vulto*, nunca de *vúltuo*, palavra que todos sabem não existir.

A CORRUPÇÃO SEMPRE FOI GRANDE IMPECILHO PARA O DESENVOLVIMENTO DO PAÍS.

Ao argumentar que a corrupção não foi descoberta pela Operação Lava-Jato, iniciada em 2015, o administrador de empresas foi um tanto desleixado ao usar *impecilho,* em vez da forma correta *empecilho*.

Espaço para suas experiências (o que você quiser registrar)

5 SETEMBRO

EM *MÃE-D'ÁGUA* OCORRE O USO DE APÓSTROFE.

O sinal gráfico que ocorre em *mãe--d'água* é o *apóstrofo*. Apesar de existir, a palavra *apóstrofe* é pouco usada; expressa a situação em que alguém interrompe seu discurso para responder a uma interpelação.

A MAIORIA PREFERE MÓVEIS INVERNIZADOS.

Enquanto isso, a minoria usa a forma correta *envernizados*. Recurso de memória válido para não ter dúvidas, aplicável também a outras palavras, é lembrar que o verniz fica na superfície da madeira (daí *en*), não penetrando em seu íntimo.

Espaço para suas experiências (o que você quiser registrar)

6 SETEMBRO

A AUTORIDADE INTERVEIO NO MOMENTO ASADO.

Para que não se pense existirem momentos que têm asas, corrija-se a palavra *asado* para *azado*, pois esta última é que expressa a vontade do autor: momento oportuno, propício, *azado*.

TÚNEL PREFEITO MARCELLO ALENCAR / EXTENÇÃO: 3.394m.

Placa colocada na entrada de um túnel. Essa importante obra viária teve seu brilho comprometido em função de um atentado contra a língua portuguesa. Para o pleno funcionamento do túnel, recomenda-se corrigir *extenção* para *extensão*.

Espaço para suas experiências (o que você quiser registrar)

___
___
___
___
___
___
___
___
___
___
___
___
___
___

7 SETEMBRO

QUALIDADES DO TEXTO MODERNO

1 – CLAREZA

A mulher perguntou ao homem o que seria de seu filho. De quem é o filho: da mulher, do homem, ou dos dois?

Alunos que não leem frequentemente têm mais dificuldades. Quem tem mais dificuldades: alunos que não leem com frequência, ou com frequência tem mais dificuldades alunos que não leem?

Nesses exemplos, a falta de clareza está na ambiguidade, defeito comumente encontrado nos mais variados textos, assim como são muito presentes aqueles textos prolixos ou contraditórios que, a rigor, nada significam, a não ser que o leitor se utilize de recursos de adivinhação.

Mal leu, já entendeu, eis a condição para que se considere claro um texto moderno. Não há tempo para uma segunda leitura; aliás, tal é a celeridade da vida moderna, que não estamos longe de exigir mais: *Nem leu, já entendeu.*

Um dos melhores exemplos de falta de modernidade é a primeira frase do Hino Nacional brasileiro, cantada milhares de vezes por milhões de emocionados compatriotas, mas entendida por poucos: *Ouviram do Ipiranga as margens plácidas de um povo heroico o brado retumbante.* Não importa quem fosse escrever a letra do hino brasileiro hoje, é certo que não o faria nessa forma. Talvez assim: *As margens plácidas do Ipiranga ouviram o brado retumbante de um povo heroico.* Fácil de entender, não é mesmo? Bastou colocar na ordem direta aquilo que estava na mais absoluta desordem.

Portanto, o moderno é a ordem direta: em vez de escrever que "o magistrado à testemunha perguntou", é melhor, porque de mais rápido entendimento, escrever que "o magistrado perguntou à testemunha".

Por fim, um conselho: se o leitor não dispõe de tempo para uma segunda leitura, quem escreve não pode abrir mão dela, nem talvez de uma terceira, quarta leituras... Nunca deixe de reler o que escreveu, uma vez ou mais, pois sempre encontrará o que pode ser melhorado.

8 SETEMBRO

QUALIDADES DO TEXTO MODERNO
2 – OBJETIVIDADE

A **objetividade** é outra qualidade que ganhou especial importância nos textos modernos. Movido pela pressa e pelos inúmeros afazeres, o leitor não dispõe de tempo (ou acha que não dispõe) para ler obviedades, coisas que ele já conhece ou que não lhe interessam, como que dizendo: "Tenho mais o que fazer".

Houve época em que ninguém se incomodava com a leitura de obviedades. Era até considerado uma forma de cortesia para com o destinatário, de distinção. Hoje, essas inutilidades são consideradas faltas de cortesia e mesmo ofensa à inteligência do leitor. Observe-se este exemplo:

Vimos pelo presente solicitar a Vossa Excelência... Não é óbvio que quem vai, está indo? Então, por que "Vimos"? Por que "pelo presente"? Não é óbvio que não será por outro? Como se vê, o que parece ser uma forma cortês, é, na verdade, uma descortesia, uma ofensa à inteligência do leitor. Então, sugere-se trocar por forma mais objetiva e, por isso, mais cortês: *Solicitamos a Vossa Excelência*.

Pior do que essa forma de iniciar uma comunicação é uma antiga, bem conhecida e ainda usada em alguns meios, para a despedida:

Nada mais havendo a tratar, aproveitamos a ocasião para renovar nossos protestos da mais alta estima e distinta consideração. Examinemos: Se o autor simplesmente parasse de escrever, o destinatário já não saberia que ele nada mais teria a tratar? Ele também não saberia que o autor estaria aproveitando a ocasião para alguma coisa? Por que *protestos*, se a manifestação é de estima e consideração? Nem se entre no mérito do restante da mensagem, porque é mesmo o resto.

Enfim, está difícil de encontrar algo de positivo nessa despedida. Só falta um *amém*. Aliás, a maioria absoluta dos destinatários, quando chega no "Nada mais havendo...", nem lê o resto. Modernamente, troca-se toda essa ladainha por *Atenciosas saudações*, ou *Atenciosamente*, ou, se o destinatário for de hierarquia superior, *Respeitosas saudações*, ou *Respeitosamente*. Há alguma falta de cortesia nessa forma objetiva?

QUALIDADES DO TEXTO MODERNO
3 – CONCISÃO

9 SETEMBRO

O leitor certamente conheceu pessoas que falam, falam e falam, mas nada dizem. Para compensar, deve ter conhecido outras que pouco falam, mas, quando o fazem, dizem tudo em poucas palavras. Estas últimas são as que praticam a concisão.

Pois, entre todas as qualidades do texto moderno, a **concisão** é das mais importantes e, ao mesmo tempo, talvez a mais difícil de ser alcançada. Consiste em dizer tudo com o mínimo de palavras. Faz-se, portanto, economia linguística, que, no entanto, não pode ser confundida com economia de pensamento. Este deve ser expresso por inteiro. O maior perigo para o iniciante é levar os princípios da objetividade e da concisão para o extremo de quase nada informar, deixando tudo para a adivinhação do leitor.

Para exemplificar o processo de concisão a ser adotado pelos que escrevem, ocorre-me a mensagem comumente encontrada nos potes de mel: "Puro mel de abelha". Uma pergunta: além da abelha, quem mais faz mel? Resposta: só a abelha. Então, basta dizer "Puro mel". Segunda pergunta: a abelha faz mel que não seja puro, honesto? Resposta: não. Então, basta dizer "Mel".

É fácil ser conciso? Não. Exige muita reflexão, muito trabalho e, portanto, tempo. Contam que um pregador ficou famoso em função da profundidade e, ao mesmo tempo, da concisão de suas prédicas, que duravam apenas 15 minutos, mas transformavam o pensamento de seus ouvintes. Um jornalista resolveu entrevistar o religioso para conhecer a estratégia que este adotava. Iniciou perguntando: Quanto tempo o senhor levou para preparar esse sermão de 15 minutos? Resposta: Em torno de três dias. E se fosse de 30 minutos? Resposta: Um dia. E de uma hora? Resposta: Posso começar agora mesmo. Portanto, ser conciso dá trabalho. A vantagem é toda do leitor ou do ouvinte. Aliás, para quem escrevemos ou falamos?

10 SETEMBRO

QUALIDADES DO TEXTO MODERNO
4 – PRECISÃO

A precisão é uma qualidade essencial em qualquer bom texto, em especial nos técnicos, científicos, administrativos e, mais ainda, nos argumentativos.

Todo aquele que escreve no seu dia a dia por certo já passou pela aflitiva situação em que precisa utilizar determinada palavra, que ele sabe que existe e que tem que ser aquela, e não qualquer outra; ela está na *ponta da língua*, mas sumiu do painel mental. Como resultado, o autor se desespera, solta palavrões, blasfema, e aí mesmo que aquela maldita palavra se vai para longe. Uma dica: acalme-se, deixe um espaço no texto e siga escrevendo; daqui a pouco, como quem não quer nada, mansamente, a palavra se apresenta e você a coloca no espaço reservado. Um alerta: essa situação é mais assídua com a idade, razão por que sou sua frequente vítima.

Esse repetido episódio é prova definitiva da importância da precisão. Qualquer outra palavra que vier a ser usada não significará exatamente o mesmo, ou deixará ambiguidades; enfim, não há sinônimo para ela; seu significado é fechado, inconfundível, exato, não deixando qualquer dúvida para o leitor. A preferência recai sempre na palavra concreta ao invés da abstrata, na palavra simples no lugar da complexa, na forma culta, livre de vulgaridades.

Pode-se concluir que o que importa não é o que se quer dizer, mas sim o que é compreendido. Portanto, é imprescindível que o autor vire seu próprio leitor, colocando-se no lugar deste, para ver se os dois estão a entender a mesma coisa.

Mais uma vez se comprova que é essencial a releitura atenciosa do que se escreveu.

QUALIDADES DO TEXTO MODERNO
5 – ALGUNS CASOS DE IMPRECISÃO

11 SETEMBRO

Município / Prefeitura. Além do conceito geográfico, Município é também o nome oficial que se dá ao ente administrativo, à estrutura administrativa, enquanto prefeitura é referência apenas à sua estrutura física, ao prédio em que está instalada a administração.

Cargo / Função. São coisas distintas. Simplificando, pode-se dizer que função ou funções são as atribuições que correspondem ao cargo. De outra parte, alguém pode não ocupar cargo, mas exercer determinadas funções.

Seminovos / Usados. A rigor, seminovo é algo quase novo, não se atribuindo o mesmo significado a algo usado, muito longe de ser novo. O mais interessante se observa na relação vendedor-comprador: no caso de um automóvel, por exemplo, quem o vende diz que é seminovo, enquanto aquele que o compra o chama de usado.

Adversário / Inimigo. Em inimigo existe o ingrediente do ódio e o caráter da adversidade permanente, enquanto em adversário a adversidade é eventual e não há – ou não deveria haver – o ingrediente do ódio.

Inócuo / Inadequado. Mesmo no meio culto estas palavras são usadas como sinônimas, quando, na verdade, têm sentidos muito diferentes. Enquanto *inócuo* refere alguma coisa sem efeito, *inadequado* expressa algo que gera efeito nocivo. Uma medida pode ser inadequada, ou seja, gerar algum tipo de prejuízo, ou inócua, isto é, não gerar qualquer efeito.

Saque / Saqueio. O primeiro deriva de *sacar*: o saque efetuado no caixa eletrônico; o outro deriva de *saquear*, envolvendo o ilícito de se apropriar de bem alheio, como, por exemplo, o odioso saqueio de recursos públicos destinados à saúde em tempos de pandemia...

Acusar / Incriminar. Enquanto o primeiro significa apenas denunciar, o segundo é muito mais, pois tem o sentido de declarar criminoso.

12 SETEMBRO

O TÉCNICO ESTAVA COM O ÂNIMO ARREADO.

O informante errou por pouco, pois apenas trocou uma letra: *arreado*, em vez de *arriado*. O sentido, no entanto, foi invertido, já que *arreado* significa *aparelhado, com arreios*, e *arriado* quer dizer *desanimado, que desceu*.

O JUIZ DECIDIU PELO ARESTO DOS BENS.

O autor da frase confundiu *aresto* com *arresto*. Teria acertado se tivesse escrito que o *aresto* do juiz decidiu pelo *arresto* dos bens, pois *aresto* significa *acórdão, decisão judicial*, enquanto *arresto* é sinônimo de *embargo, penhora*.

Espaço para suas experiências (o que você quiser registrar)

_____
_____
_____
_____
_____
_____
_____
_____
_____
_____

13 SETEMBRO

ESSAS MEDIDAS IMANARAM DOS MAIS LEGÍTIMOS ANSEIOS POPULARES.

Imanar deriva de *ímã*; daí ter o sentido de *magnetizar, atrair*, o que na frase não faz sentido. É evidente que o autor quis dizer *emanaram*, para dar o sentido de *originar-se de*.

O RICO EMPRESÁRIO IMERGIU DO NADA.

Como não domina certos termos, o incipiente autor da frase deveria ter optado por verbos mais comuns, como *surgiu*, pois *imergiu* significa *penetrou, afundou*. Se, por necessidade muito pessoal, insistir em usar esse verbo, basta trocar o *i* pelo *e*: *emergiu*.

Espaço para suas experiências (o que você quiser registrar)

_____
_____
_____
_____
_____
_____
_____
_____
_____
_____
_____
_____

14 SETEMBRO

ELE É O AZ DO BASQUETE.

Pouco familiarizado com o termo, o autor da frase demonstrou não ser um *ás* no português. Chama-se de *ás* o especialista em determinada atividade, bem como a carta de jogo que tem esse nome. *Az* tem o único sentido de *ala*.

OS PRIMEIROS EMIGRANTES ALEMÃES VIERAM EM 1824.

Seguindo no processo de migração entre *e* e *i*, o autor da frase se enganou. Quem chega é o *imigrante;* quem sai é o *emigrante*. Como se vê, *e* e *i* funcionam nesses exemplos como verdadeiros prefixos, em que o *e* tem o sentido de *sair* – de dentro para fora, ou de perto para longe –, enquanto o *i* carrega o significado de *entrar* – de fora para dentro, ou de longe para perto.

Espaço para suas experiências (o que você quiser registrar)

___
___
___
___
___
___
___
___
___
___

15 SETEMBRO

O GOVERNO ARROXOU OS SALÁRIOS.

O *arrocho* salarial a que, seguramente, o comentarista foi submetido, tornou-o *roxo, arroxado...* Para que não aconteça o mesmo com os leitores, vamos esclarecendo que com o sentido de *apertar muito* é *arrochar*, só se admitindo *arroxo*, com *x*, quando se refere à cor assim chamada: *roxo*. E antes que o português se *arroche,* corrija-se a frase: O governo arrochou os salários.

A CATEGORIA REINVINDICA MELHORES SALÁRIOS.

A categoria deveria ter mais *categoria*, reivindicando em bom português: A categoria reivindica melhores salários.

Espaço para suas experiências (o que você quiser registrar)

___
___
___
___
___
___
___
___
___
___
___
___
___
___

16 SETEMBRO

O TRÁFICO DE DROGAS DEVE SER DEFINITIVAMENTE PRESCRITO.

Eis uma questão sutil. *Prescrever* pode ser usado com o sentido de *receitar*, como é o caso do médico que *prescreve* medicamentos. Mas pode também ter o sentido de *anular, extinguir*. Seria este último o caso da frase? Não. Só pode ser *anulado, extinto,* aquilo que já foi legítimo. Não é o caso do tráfico de drogas, que nunca foi legítimo, legal. Portanto, o tráfico de drogas deve mesmo ser *proscrito*.

ORIGEM DO LARANJA

É frequente o uso da palavra *laranja* com o sentido figurado de representante falso. Mas, o que tem a ver esse uso com a suculenta fruta? Tudo a ver: no início do século XX, quando da imposição da Lei Seca nos Estados Unidos, os motoristas injetavam bebida alcoólica na laranja para depois chupá-la, burlando a lei. Assim, enganavam a polícia, que custou a desconfiar da estratégia. No Brasil, o golpe e o consequente uso da palavra com esse sentido figurado popularizando-se a partir dos anos 1970.

Espaço para suas experiências (o que você quiser registrar)

_____
_____
_____
_____
_____
_____

17 SETEMBRO

A EMPRESA FOI VÍTIMA DE EXPIONAGEM INDUSTRIAL.

E o português o foi de mais um descuido. *Expiar* significa *pagar, sofrer pena,* enquanto *espiar* tem o sentido de *espreitar, olhar*; daí *espionagem industrial*.

ESTE SABONETE TEM UMA FLAGRÂNCIA INTERESSANTE.

E o autor da frase foi *flagrado* em erro que deixa transpirar uma *fragrância* indesejável. *Flagrante* tem o sentido de *evidente,* originando também a expressão *em flagrante:* no momento exato, preciso. *Fragrante* e *fragrância* significam *aroma, perfume*. É o caso da frase.

Espaço para suas experiências (o que você quiser registrar)

_____
_____
_____
_____
_____
_____
_____
_____
_____
_____
_____
_____

18 SETEMBRO

A SITUAÇÃO ESTÁ RUSSA.

A aversão ao antigo regime russo criou muita confusão quanto à grafia dessa palavra. Na frase, não há referência àquele país, não se justificando a grafia com *ss*. Na verdade, o informante quis dizer que a situação estava *ruça,* isto é, pardacenta, grisalha, complicada...

ESTA ALTERAÇÃO RATIFICA O TEOR DA ORDEM DE SERVIÇO.

Como? Sem dúvida, é inédito que uma alteração *ratifique*. Todas as alterações de que se têm notícia *retificam*, com *e*, ou seja, alteram, mudam...

Espaço para suas experiências (o que você quiser registrar)

19 SETEMBRO

RECEBA OS ESTRATOS EM SEU CELULAR.

É certo que os serviços bancários são eficientes, contudo não a ponto de os bancos remeterem *estratos*, isto é, filas de nuvens para os celulares de seus clientes... Mandam, isto sim, *extratos* (resumos). *Extrato* é a essência de qualquer produto ou serviço; daí *extrato de tomate, perfume,* etc. *Estrato,* com *s,* é importante mais por causa de uma palavra muito utilizada que originou: *estratificação* (social), ou seja, a divisão da sociedade em *estratos,* camadas.

OS CAMPOS ESTAVAM BRANQUIADOS DE TANTA GEADA.

Os campos não têm brânquias e por isso mesmo não podem *branquiar*. A bem da verdade, a geada deixa os campos brancos; portanto: Os campos estavam branqueados...

Espaço para suas experiências (o que você quiser registrar)

_____
_____
_____
_____
_____
_____
_____
_____
_____

20 SETEMBRO

O MOTORISTA TEVE SUA CARTEIRA CAÇADA.

Como ninguém atirou na carteira, nem praticou o esporte da caça com ela, mude-se *caçada* para *cassada*. Assim a verdade se restabelecerá, pois a carteira foi apenas anulada, invalidada.

AS SELAS DOS PRESIDIÁRIOS SÃO MUITO ACANHADAS.

Exatamente por serem muito pequenas, as *celas* não comportam cavalos, muito menos arreios, *selas*. Sendo assim, vamos corrigir para: As celas dos presidiários...

Espaço para suas experiências (o que você quiser registrar)

_____
_____
_____
_____
_____
_____
_____
_____
_____
_____
_____
_____
_____
_____
_____
_____

21 SETEMBRO

O SENSO MOSTROU QUE AS DIFERENÇAS REGIONAIS SE ACENTUARAM.

Para que a frase fosse perfeita, faltou apenas um pouco de *bom-senso*. Basta lembrar que *censo* é palavra de que deriva *recenseamento,* devendo, portanto, manter a letra *c*. *Senso*, com *s*, é sinônimo de *juízo*, como também é relativo aos sentidos.

EM VEZ DE ESTUDAR, A MAIORIA DOS ALUNOS PASSA O TEMPO FOLHANDO OS LIVROS.

Não se sabe quem é o mais errado: o aluno ou o autor da frase, que deve ter feito o mesmo quando estudante. Na verdade, o que esses alunos fazem é *folhear*, já que *folhar* significa cobrir com folhas. Virar as páginas é ato que se expressa com o verbo *folhear*.

Espaço para suas experiências (o que você quiser registrar)

_____
_____
_____
_____
_____
_____
_____
_____

22 SETEMBRO

É UM JOVEM AINDA INSIPIENTE EM POLÍTICA.

Sendo jovem, é porque ainda não teve tempo de aprender todos os meandros da política, não se podendo chamá-lo de *insipiente,* ignorante, mas sim de *incipiente,* com *c*, no sentido de *principiante*. É melhor dar tempo ao tempo...

A JUSTIÇA INFRINGIU DURAS PENAS AOS ESTUPRADORES.

A justiça, na verdade, *infligiu* duras penas, no que agiu de forma absolutamente correta, ao contrário do informante, que acabou acusando a justiça de infratora. Piores do que ele são os informantes que usam os verbos *inflingir* e *infrigir*, que, *no frigir dos ovos*, não existem.

Espaço para suas experiências (o que você quiser registrar)

23 SETEMBRO

O TRAFICANTE FOI INQUERIDO SOBRE SEUS COMPANHEIROS.

Não se pense que o traficante não foi querido..., nem que teve sua carga apertada. Com toda certeza, foi ele *inquirido*, ou seja, indagado, perguntado.

O GAITEIRO FOLIOU A GAITA.

Para que não se pense que o gaiteiro fez a gaita divertir-se, pular e dançar, diga-se que ele *foleou* a gaita, isto é, abriu o *fole*.

Espaço para suas experiências (o que você quiser registrar)

_____
_____
_____
_____
_____
_____
_____
_____
_____
_____
_____
_____
_____
_____
_____

24 SETEMBRO

O ATLETA SERROU OS PUNHOS E VIBROU INTENSAMENTE.

É inacreditável que o atleta tivesse chegado a esse ponto. Com certeza, limitou-se a *cerrar* (fechar) os punhos. *Serrar* significa cortar.

O SECRETÁRIO FICOU ROBORIZADO COM O QUE VIU.

Para que não se pense que o secretário virou *robô* ou que se fortaleceu com o que viu, mas que ficou *rubro*, vermelho, corrija-se imediatamente a frase: O secretário ficou ruborizado com o que viu, com *u*.

Espaço para suas experiências (o que você quiser registrar)

A TENDÊNCIA DO MODERNO COMÉRCIO É O ALTO-SERVIÇO.

O comentarista expressou louvável sentimento de preservação e valorização do idioma nacional ao não usar a expressão inglesa *self service*. No entanto, foi infeliz ao errar na tradução de *self*, que entendeu significar *alto, qualificado,* quando se sabe que seu verdadeiro significado é *auto, próprio*. Em busca de autoaperfeiçoamento, deverá passar a usar *autosserviço*.

O PACIENTE ACUSOU DORES TORÁXICAS.

E o português acusa dores gráficas. Apesar de derivar de *tórax*, com *x*, a palavra *torácico* e suas derivadas são grafadas com *c*, por se originarem da forma latina *thoracicus*.

Espaço para suas experiências (o que você quiser registrar)

___
___
___
___
___
___
___
___
___
___
___
___
___
___

25 SETEMBRO

26 SETEMBRO

DEMAIS X DE MAIS

É comum as pessoas, mesmo as cultas, confundirem essas duas formas, cuja diferença é sutil. Quando se opõe a *de menos*, a grafia correta é *de mais,* separado, como neste exemplo: É *uma questão de mais ou de menos valia.* Em todos os *demais* casos, a grafia correta é *demais*:

- Com o sentido de *excessivamente* (advérbio), *demasiado:* Ela estava nervosa demais.
- Significando *além disso* (advérbio sinônimo de *ademais*), de uso raro: Demais não conheço esse sujeito.
- Na acepção de *os outros, os restantes* (pronome): Os demais não são conhecidos.

Espaço para suas experiências (o que você quiser registrar)

27 SETEMBRO

AS CORES DA TELA ESTÃO BEM CONSERTADAS.

Com exceção desse crítico de arte, ninguém mais viu remendo (*conserto*) na tela. O que todos viram foi uma perfeita combinação de cores, que estavam bem *concertadas*, com *c*. Ainda bem que os críticos de música usam *concerto musical*, pois assim não há necessidade de *consertá-los*.

O LUTADOR COLOCOU SEU TÍTULO EM CHEQUE.

Para que não se pense que o lutador preencheu o *cheque* (ordem de pagamento) colocando o título conquistado em vez do valor, corrija-se *cheque* para *xeque*, que significa *risco, perigo*. Também é grafado com *x* quando se refere ao chefe árabe e ao incidente do jogo de xadrez que leva esse nome.

Espaço para suas experiências (o que você quiser registrar)

_____
_____
_____
_____
_____
_____
_____
_____
_____
_____

28 SETEMBRO

O VERANISTA FOI VÍTIMA DE UMA INSULAÇÃO.

Não! O veranista não foi isolado numa ilha (do latim *insula*). Foi, isto sim, vítima de uma *insolação*. É muito fácil de memorizar: deriva de *sol* – in**sol**ação.

FOI SOLICITADA A INTERSEÇÃO DA POLÍCIA.

E a polícia *intercedeu*; daí o correto ser *intercessão*. Existe *interseção* ou *intersecção*, mas para expressar o ato de *cortar,* como também o ponto em que se cruzam duas linhas, conhecido como *ponto de interseção* ou *intersecção*.

Espaço para suas experiências (o que você quiser registrar)

29 SETEMBRO

AQUI VOCÊ COME AS MELHORES MAÇAS DA CIDADE.

Como se tratava de restaurante, o faminto entrou na certeza de que encontraria boas *massas*. E encontrou. Também não se surpreendeu com o fato de não haver encontrado clava alguma, ou seja, *maça*, com ç.

O EXPERTO ESPECIALISTA FOI BRILHANTE.

É verdade, mas foi ofuscado pela falta de *esperteza* do autor da frase, que acabou sendo redundante por causa de uma letra. Acontece que *experto* deriva do inglês *expert*, tendo o sentido de *especialista*. Em outras palavras, chamou-o de *especialista especialista*. Com certeza, na próxima vez será mais *esperto* e dirá que o *esperto* especialista foi brilhante.

Espaço para suas experiências (o que você quiser registrar)

___
___
___
___
___
___
___
___
___
___

30 SETEMBRO

A RECEITA QUE DEU ERRADO.

Famosa por acertar qualquer receita que encontrasse em livros e revistas, a cozinheira fracassara em diversas tentativas de produzir um doce a partir de receita encontrada em revista especializada. Leu e releu diversas vezes até descobrir: um dos ingredientes era *1 l de creme de leite*. Ela lera *um litro* onde a intenção do autor da receita era recomendar uma lata. Depois de ajustar a quantidade desse ingrediente, acabou produzindo maravilhoso doce. Portanto, cuidado com as formas abreviadas.

AS COSTUREIRAS JÁ ESTÃO COZENDO AS FANTASIAS DE CARNAVAL.

Como o português não se presta para fantasias de carnaval, deve-se *coser* (costurar), com *s*. Costureira só *coze*, com *z*, quando vai para a *cozinha*; para *cozer* (cozinhar), é claro.

Espaço para suas experiências (o que você quiser registrar)

_____
_____
_____
_____
_____
_____
_____
_____
_____

OUTUBRO

A atual conjetura econômica não permite descuidos 1
Novo diretor foi empoçado.. 1
Os inconvenientes das *frasonas* 2
Um / Uma.. 3
Todos e todas 4
Quando o uso vira abuso.. 5
O jeito de escrever nos meios eletrônicos 6
Plebiscito... 7
Breve síntese... 7
Breve resenha 8
Pleonasmo / Paradoxo virtuoso... 8
Cacofonias 9
Desiderato ou *desideratum?* 10
A metereologia indica tempo bom.. 10
É necessário que o atleta tenha competividade 11
Embaixo / Em cima.. 11
Todo o mundo sabia do horário de início das provas 12
Todo o ser humano erra... 12
O *lazer* **r**evolucionou a ciência... 13
A homogenidade é característica das equipes bem-sucedidas 13
A defesa do time estava vulnerada... 14
Tampouco / Tão pouco 14
Gente / Gentes 15
O momento que / O momento em que / No momento em que . 16
Estádio ou estágio? 16
Os grevistas depedraram dezenas de ônibus 17
Frouxo / Froixo / Floxo / Froxo 17

O óleo fez o carro deslisar na pista 18
Senão / Se não / Sinão 18
O oftalmologista atestou estigmatismo 19
Poeta / Poetisa / Poetaço 19
Toda sesta, após a cesta, Maria vai às compras com a sexta 20
A greve é problema insolvível nas verdadeiras democracias 20
Macro / Micro / Mini / Maxi 21
Uni / Multi / Mono / Poli / Pluri 21
Bemvindo / Bem vindo / Benvindo 22
As lactentes devem dar de mamar a seus filhos 22
Confio na Previdência Divina 23
A resposta foi sútil e carregada de veneno 23
O colega é cocho de caráter 24
A festa terminou em grande reboliço 24
A produção média é de 58 sacos por hectare 25
De certo não sabia 25
Cota ou quota? Cociente ou quociente? 26
Alguns nomes da lista estavam acrescidos de um asterístico 26
A CPI mostrará a verdadeira imundice em que se transformou
a Comissão de Orçamento 27
A secessão no sindicato não será pacífica 27
As drogas a transformaram num buxo 28
É necessário investir em estradas vicenais 28
O melhor super da cidade 29
O turista pára para conhecer uma famosa para-psicóloga 29
Os seguranças se revesam na guarda do monumento 30
Costuma agir com muito descortínio 30
O atleta sofreu um entorce 31
O juiz não marcou o penalte 31

1 OUTUBRO

A ATUAL CONJETURA ECONÔMICA NÃO PERMITE DESCUIDOS.

O bom português também não. Espera-se que na próxima vez o comentarista prefira usar a palavra *conjuntura* para se referir à *situação*, e pare de supor, de formular hipóteses ou *conjeturas*.

NOVO DIRETOR FOI EMPOÇADO.

A bem da verdade, diga-se que o diretor foi empossado, com *ss*, pois *empossado* deriva de *posse*. A não ser que, por uma infeliz coincidência, se tenha formado *poça*...

Espaço para suas experiências (o que você quiser registrar)

_____
_____
_____
_____
_____
_____
_____
_____
_____
_____
_____
_____

2 OUTUBRO

OS INCONVENIENTES DAS *FRASONAS*

O espírito da época que vivemos e a pressa que nos move impõem um ritmo de vida cada vez mais acelerado e a consequente sensação de limite de tempo para tudo. Por essa razão, os textos precisam ser cada vez mais concisos e claros ao primeiro olhar. Os bons textos precisam ser rápidos e não podem exigir segunda leitura. Para alcançar esse intento, recomendam-se frases curtas e de preferência na ordem direta. É frequente encontrarmos frases excessivamente longas.

Para evitar frases longas e dificultar a assimilação por parte do leitor, há diversos recursos. Deve-se começar pela eliminação dos excessos e das inutilidades, seguindo-se a busca de formas mais concisas. Por último, a solução mais fácil, mas nem sempre possível, consiste no desmembramento de uma frase em duas ou mais. O que não se pode perder de vista nunca é a rapidez de assimilação por parte do leitor, único objetivo do que se escreve.

Rudolf Flesch, um dos mais famosos teóricos dos testes de legibilidade, desenvolveu um método segundo o qual quanto mais vocábulos houver na frase, maior será a dificuldade para o leitor. Seu estudo resultou numa tabela que informa o grau de dificuldade para o entendimento rápido de frases de acordo com o seu número de vocábulos:

Vocábulos por frase	Nível de dificuldade
Acima de 30	Muito difícil
De 25 a 29	Difícil
De 17 a 24	Padrão
De 13 a 16	Fácil
12 ou menos	Muito fácil

UM / UMA

3 OUTUBRO

As palavras *um* e *uma* podem desempenhar as funções de numeral e de artigo indefinido. É exatamente aí que reina o perigo de gerar ambiguidades. Exemplo: Entidade tem um novo presidente. Este *um* é numeral ou artigo? Se for entendido como numeral, é porque se pode estar informando que a entidade também tem velho(s) presidente(s), ou seja, tem mais de um. Entendendo-se como artigo indefinido, o sentido é de indefinição, ou seja, não se define quem é o presidente.

Truque para não cair nessa ambiguidade: experimente retirar o *um*: Entidade tem novo presidente. Fez falta? Nenhuma. Então basta tirar. Aliás, adotei como norma: se determinada palavra me incomoda, experimento retirá-la. Em regra, retiro, e elimino o incômodo.

Verifique outros exemplos em que a simples retirada de *um / uma* não causa qualquer dano à frase; pelo contrário, atribui-lhe maior vigor (e não um maior vigor...):

> Isso gerava nele um medo de brincar. /
> Isso gerava nele medo de brincar.
> O jurista é um entusiasta da medida. /
> O jurista é entusiasta da medida.
> O jovem médico desempenhava um papel importante. /
> O jovem médico desempenhava papel importante.
> O magistrado tinha um especial talento para a função. /
> O magistrado tinha especial talento para a função.

Espaço para suas experiências (o que você quiser registrar)

_____
_____
_____
_____

4 OUTUBRO

TODOS E TODAS

Perguntam com frequência se é adequado o uso de "todos e todas", "companheiros e companheiras", "advogados e advogadas".

Cada vez mais pessoas, mesmo entre as cultas, estão confundindo gênero gramatical com sexo, que são coisas totalmente diferentes. Diz o artigo 7.º da nossa Constituição Federal que "todos são iguais perante a lei". Será que os constituintes tiveram a intenção de excluir as mulheres, discriminando-as odiosamente? Os fiéis usuários (e as usuárias...) dessas expressões, para serem coerentes, terão que dizer, com sangue nos olhos, que sim, que nossa Lei Maior as excluiu e que os nossos legisladores nada conheciam de gramática, que teriam que voltar ao Ensino Fundamental, entre outras acusações, porque, obviamente, teriam que ter dito: "todos e todas são iguais perante a lei".

Para não incorrer em igual injustiça, também terão que advogar a mudança na denominação de milhares de entidades, como: Ordem dos Advogados (e das Advogadas) do Brasil, Câmara dos Deputados (e das Deputadas) e Câmara de Vereadores (e Vereadoras).

Teriam razão se gênero gramatical e sexo significassem o mesmo. Sexos, existem dois: o feminino e o masculino, enquanto, no que diz respeito à língua portuguesa, também são dois os gêneros, mas com uma diferença substancial: o único gênero gramatical marcado é o feminino; o outro, que chamamos de masculino, assume a forma abrangente, agenérica (poderíamos dizer neutra) quando se quer englobar os dois gêneros. Daí por que *todos* inclui homens e mulheres, assim como *homem*, na sua acepção abrangente, designa o gênero humano, portanto homens e mulheres.

Os adeptos da chamada "linguagem inclusiva", ao defenderem essas maçantes e por isso cansativas formas repetitivas, estão andando celeremente para trás, atravancando (para lembrar o poeta Mario Quintana) o andar da boa comunicação, que se exige objetiva, rápida.

QUANDO O USO VIRA ABUSO

5

OUTUBRO

Há palavras e expressões que caíram no gosto de usuários de todos os níveis. Em regra, isso começa na linguagem oral, mas com o tempo se estende à escrita. Seu uso abusivo transforma-as em cacoetes, tornando a linguagem maçante, cansativa e, por isso, sem vigor. Pior ainda quando se desvirtua seu significado. Vejamos alguns casos.

Ou seja: expressão que corresponde a "isto é", mas que praticamente tomou o lugar desta, talvez por parecer mais rebuscada. Seu uso se difundiu em todos os meios, de modo especial na linguagem jurídica, em que é usada em profusão nos mais variados textos, da petição à sentença, da doutrina à jurisprudência. Na maior parte das vezes, afirma-se após essa expressão o que já foi dito antes, constituindo-se em mera obviedade.

A pior situação é aquela em que o leitor espera o detalhamento ou uma explicação sobre o que antecedeu a expressão, e o que vem nada tem a ver com o que já se afirmou, ou seja, faz-se um desvio no discurso. Exemplo: "O caso estava *sub judice*, ou seja, o réu sofrera condenação anterior". Enfim, está-se a usar a expressão de forma abusiva e sem atenção ao seu real significado. Vira uma espécie de *tranca-disco*.

Música clássica: a rigor, música clássica é aquela composta no tempo dos clássicos gregos e latinos. No entanto, mesmo em meios cultos, a expressão é usada para se referir à música erudita, cujo significado se estende à música de igual gênero produzida em qualquer época, inclusive àquela do tempo dos antigos.

Digamos assim: é outra expressão que virou cacoete. Quando alguém não consegue expressar seu pensamento, lança mão dela. Fazer isso uma ou, no máximo, duas vezes numa fala de cinco minutos é compreensível, mas muitas vezes nos deparamos com oradores que a usam a todo momento, servindo de amparo para sua insegurança e deixando na plateia a impressão de desconhecimento do tema. Lembre-se ainda que há sinônimos: como se diria, como se poderia dizer, entre outros.

6 OUTUBRO

O JEITO DE ESCREVER NOS MEIOS ELETRÔNICOS

Com o advento da Internet, surgiu o que se chama de internetês, que se pode definir como a escrita que imita a fala. Por ser uma tentativa de imitação da fala, essa forma de escrita assume algumas características muito próprias. Destacam-se apenas algumas:

Rapidez. Não se consegue imprimir na escrita a mesma velocidade da fala, razão por que se eliminou tudo o que pode emperrar a produtividade da digitação: abrevia-se quase tudo (exemplos: *Atenciosamente* virou *Att.*, *você* virou *vc.*, *que* virou *q.*, e assim por diante), acentos e diacríticos foram eliminados, assim como os elementos de ligação (preposições) e a questão das iniciais maiúsculas (ou se escreve tudo em minúsculas ou tudo em maiúsculas), entre outras medidas espontaneamente implementadas.

Gíria. Assim como na linguagem oral coloquial, usa-se muita gíria (cada tribo tem a sua).

Falta de precisão e clareza. Ao converter a fala para a escrita não se conta com as manifestações corporais (gestos, sorrisos, caretas e outros movimentos); isso, somado ao fator pressa, faz com que o internetês perca em precisão e clareza, suscitando muitos entraves na comunicação.

Superficialidade. Deduz-se do exposto que essa forma de comunicação prima pela superficialidade.

Espaço para suas experiências (o que você quiser registrar)

_____
_____
_____
_____

PLEBISCITO

7 OUTUBRO

Desconhecendo que a palavra *plebiscito* já carrega o significado de povo e, por consequência, de popular, um deputado estadual gaúcho, ao discursar em defesa da necessidade de plebiscito para privatizar empresas públicas, usou a expressão *plebiscito popular,* velha e surrada redundância que eu, na minha inocência, julgava definitivamente expurgada da nossa língua. Deputado, diga simplesmente *plebiscito,* nada acrescentando. Contrariamente do que pode estar pensando, seu argumento adquirirá mais vigor e credibilidade.

BREVE SÍNTESE

Não existe síntese que não seja breve, portanto basta dizer que se fará uma síntese. É certo que há situações em que o emprego desse pleonasmo denuncia ato falho, em função de que no inconsciente do autor há a informação de que ele se estenderá em detalhes, quando deixa de ser síntese. Para inovar, alguns profissionais estão utilizando expressões similares, igualmente portadoras do vício da redundância, como *síntese apertada, síntese exprimida, síntese ajustada,* entre outras.

Espaço para suas experiências (o que você quiser registrar)
___
___
___
___
___
___

8 OUTUBRO

BREVE RESENHA

Parecida, mas não igual à anterior, esta expressão é frequentemente empregada com o sentido de resumo, de síntese, quando seu real sentido é de descrição detalhada, com pormenores, opondo-se, portanto, ao significado de breve. Isso caracteriza o que se chama de paradoxo, que em linguagem técnica é tão nocivo quanto o pleonasmo.

Também aqui é preciso que se diga existirem paradoxos virtuosos, os chamados oxímoros ou paradoxismos, em que, intencionalmente, se combinam palavras de sentido oposto, mas que no contexto reforçam o significado pretendido: *voz do silêncio, obscura claridade, música silenciosa*. Ou algum leitor nunca *chorou de tanto rir*?

PLEONASMO / PARADOXO VIRTUOSO

Como se distingue o pleonasmo/paradoxo vicioso do virtuoso? Para que se tornem virtuosos, tanto o pleonasmo quanto o paradoxo têm que resultar em reforço no significado, reforço este compartilhado entre autor e leitor. Se o leitor não perceber essa intenção no autor, não será mais figura de linguagem para se tornar vício. Portanto, trata-se de questão inteiramente contextual e de limites extremamente tênues.

Um exemplo recorrente: "Vi com meus próprios olhos". Facilmente se reconhece a presença de redundância nessa frase. Mas se uma testemunha, em resposta a uma pergunta que lhe for feita numa audiência, se expressar assim, sua afirmação ganhará em veemência, significando reforço no significado; deixa de ser vício de linguagem para se transformar em virtude.

CACOFONIAS

9 OUTUBRO

A palavra *cacofonia* deriva do grego (*caco*: feio + *foné*: som), significando literalmente "som feio". Esse som feio pode ser de variada ordem:

– Por repetir sílabas iguais ou semelhantes em sequência: u**ma mão**, o la**tim tinha**, Pache**co co**ncorre.

– Por suscitar significado estranho, desviando a atenção do leitor: na **vez passada**, **por co**incidência, **cá co**migo, **só que** isso não vale, **já nela** não houve maiores prejuízos.

– Por resultar em palavra grosseira, chula ou de mau gosto (são as piores): confis**ca gado**, vou-**me já**, atingido **por ra**diação, digo-**te tudo**, **por ra**zões desconhecidas, deputado criti**ca go**vernador, é necessário que o governo nun**ca gaste** mais do que arrecada, o triun**fo da** grande tenista, mar**ca gol** em todos os jogos, úni**ca ga**rantia.

Não é fácil evitar as cacofonias. Nem mesmo Camões pôde evitá-la em seu famoso verso "Al**ma minha** gentil que te partiste", acabando por fazer lembrar um conhecido corte de carne própria para churrasco, a nossa *maminha*. Menos mal que pela fonologia lusa, a cacofonia quase que se desfaz, sem contar que esse corte de carne deve ter outro nome em Portugal. Nosso grande Machado de Assis também foi vítima na frase: "Disse-**mo ela** mesma" (retirada de *Memórias Póstumas de Brás Cubas*), fazendo lembrar a conhecida moela de galinha.

O Hino Nacional brasileiro igualmente é contemplado com cacofonia: em "heroico o brado", que na leitura vira "herói cobrado".

10 OUTUBRO

DESIDERATO OU *DESIDERATUM*?

A escolher, desde que se dê o tratamento gráfico adequado. *Desiderato* é português; *desideratum* é latim e, como tal, deve ser grafado entre aspas ou em *italic*. Por ser português, prefira-se desiderato.

A METEREOLOGIA INDICA TEMPO BOM.

Espera-se que o autor também tenha dias melhores, pecando menos. Não existe *metereologia*, mas sim *meteorologia*, ciência que estuda os *meteoros*, ou seja, os fenômenos atmosféricos.

Espaço para suas experiências (o que você quiser registrar)

_____
_____
_____
_____
_____
_____
_____
_____
_____
_____
_____
_____
_____
_____

É NECESSÁRIO QUE O ATLETA TENHA COMPETIVIDADE.

E que não se esqueça de que quem compete tem que ser *competitivo*, derivando daí *competitividade*, e não *competividade*.

EMBAIXO / EM CIMA

Afirmar que as duas formas estão corretamente grafadas pode parecer paradoxal: tratamentos diferentes para situações iguais; dois pesos, duas medidas. Insista-se: um dos determinantes da grafia é a pronúncia. Assim, enquanto na palavra *embaixo* há unidade fonética, sendo o *em* atraído pelo *baixo,* o contrário acontece na locução *em cima,* em que tal unidade não se concretiza. Já no verbo *encimar* ocorre a unidade fonética, grafando-se por isso numa palavra só, com a transformação do *m* em *n*.

Espaço para suas experiências (o que você quiser registrar)

11 OUTUBRO

12 OUTUBRO

TODO O MUNDO SABIA DO HORÁRIO DE INÍCIO DAS PROVAS.

A presença do artigo *o* na expressão *todo o mundo* altera substancialmente o sentido da frase, pois expressa que *o mundo inteiro* sabia, quando seu autor quis informar que *todos os interessados* sabiam. Portanto: Todo mundo sabia do horário de início das provas.

TODO O SER HUMANO ERRA.

Dos pés à cabeça? Todas as partes do ser humano erram? Não. O que o autor quis dizer é que todos erram, o que significa ser necessário eliminar o *o:* Todo ser humano erra. Assim, não se erra contra o português.

Espaço para suas experiências (o que você quiser registrar)

_____
_____
_____
_____
_____
_____
_____
_____
_____
_____
_____
_____
_____
_____

13 OUTUBRO

O *LAZER* REVOLUCIONOU A CIÊNCIA.

E o cientista tentou mudar os rumos dos idiomas ao confundir o justo *lazer*, da língua portuguesa, com o eficiente *laser*, do inglês.

A HOMOGENIDADE É CARACTERÍSTICA DAS EQUIPES BEM-SUCEDIDAS.

Assim como a atenção é característica dos profissionais competentes, inclusive dos comentaristas esportivos. Acontece que de *homogêneo* deriva *homogeneidade*, coerentemente mantendo o *e* da palavra primitiva. O mesmo vale para *heterogêneo*, donde deriva *heterogeneidade*.

Espaço para suas experiências (o que você quiser registrar)

_____
_____
_____
_____
_____
_____
_____
_____
_____
_____
_____
_____

14 OUTUBRO

A DEFESA DO TIME ESTAVA VULNERADA.

Para que não seja *vulnerável*, a frase está exigindo o adjetivo *vulnerável*, e não o particípio passado do verbo *vulnerar*. A explicação é lógica e simples: ao dizer que a defesa do time estava *vulnerada*, o comentarista afirmou que ela já havia sofrido golos, o que na ocasião não correspondia à verdade; quis dizer que ela estava sujeita a isso.

TAMPOUCO / TÃO POUCO

Sempre que for possível substituir por *também não*, será *tampouco*, pois é esse o sentido: Ele tampouco virá. Quando *tão* for advérbio, com o sentido de *tanto*, a forma correta é *tão pouco:* O atleta era tão pouco conhecido, que sua vitória surpreendeu o mundo.

Espaço para suas experiências (o que você quiser registrar)

_____
_____
_____
_____
_____
_____
_____
_____
_____

GENTE / GENTES

15 OUTUBRO

Com origem na linguagem popular, a palavra *gente* acabou assumindo oficialmente no padrão culto da língua portuguesa três significados novos semelhantes, não iguais. O mais comum é em substituição ao pronome pessoal *nós*: *A gente sabe* – Nós sabemos. Nesse uso é recorrente em alguns meios um erro que consiste em fazer o verbo concordar com o significado (*nós*), em vez de seguir a regra que manda concordar com o núcleo do sujeito. Assim: *A gente sabemos*. Apesar da coerência, é errado.

Outro uso comum da palavra *gente* é com o sentido de povo, de grupo de pessoas, caso em que vem sempre acompanhado de um ou mais dos assessores do substantivo: adjetivo, pronome, artigo ou numeral: A gente do campo, essa gente da cidade.

Existe ainda o emprego de *gente* com o significado de *pessoas*, situação em que pode ser usado tanto no singular quanto no plural e vem sempre acompanhado do artigo definido feminino. *Toda a gente* e *Todas as gentes* são ambas formas corretas e que significam a mesma coisa: *Todas as pessoas*.

Espaço para suas experiências (o que você quiser registrar)

_____
_____
_____
_____
_____
_____
_____

16 OUTUBRO

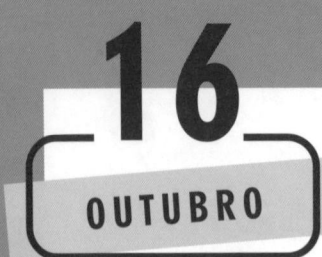

O MOMENTO QUE / O MOMENTO EM QUE / NO MOMENTO EM QUE

Três formas possíveis, dependendo das circunstâncias, prestam-se a frequentes pecados contra a língua. Para entender, nada melhor que partir de exemplos: 1. *O momento em que estamos*; quem está, está *em* algum momento. 2. *O momento que vivemos*; quem vive, vive algum momento, e não *em* algum momento. 3. *No momento em que chegamos*; o fato de iniciar a expressão com *no* implica sempre o uso de *em*.

ESTÁDIO OU ESTÁGIO?

Depende. *Estádio* e *estágio* podem até ser sinônimos. Isso ocorre quando têm o sentido de *fase*: A doença está em *estágio* (ou *estádio*) avançado. No sentido de *período de experiência* é sempre e somente *estágio*. Na acepção de *campo de jogos*, a forma correta é *estádio*.

Espaço para suas experiências (o que você quiser registrar)
_____
_____
_____
_____
_____
_____
_____
_____
_____

OS GREVISTAS DEPEDRARAM DEZENAS DE ÔNIBUS.

17 OUTUBRO

Pode-se *depredar*, ou seja, roubar, saquear, destruir, quebrar, etc. sem utilizar *pedra* alguma. Ocorre que a palavra não deriva de *pedra*, não existindo até o momento a palavra *depedrar*, mas sim *depredar*. Quando se quer afirmar que algo foi atingido por pedras, usa-se *apedrejar*. Da mesma forma, não existe *pedrador*, mas *predador*.

FROUXO / FROIXO / FLOXO / FROXO

Com exceção de *froxo*, as demais podem ser usadas, até mesmo a forma arcaica *froixo*. *Floxo* é usado mais no Sul do país, enquanto a forma preferida é *frouxo*.

Espaço para suas experiências (o que você quiser registrar)
___
___
___
___
___
___
___
___
___
___
___
___
___

18 OUTUBRO

O ÓLEO FEZ O CARRO DESLISAR NA PISTA.

E o desconhecimento fez o autor da frase *deslizar* no português. Com certeza não mais cometerá deslizes, escrevendo, por exemplo, *deslizar* com z.

SENÃO / SE NÃO / SINÃO

Sinão serve apenas para designar um sino grande. *Senão* pode ser substantivo, significando *defeito, erro...;* conjunção, no sentido de *aliás, mas sim, do contrário, de outro modo;* e preposição, expressando a ideia de *exceção*. A locução adverbial, cuja grafia correta é *se não,* em duas palavras separadas, significa *caso não:* Se não for, irei eu.

Espaço para suas experiências (o que você quiser registrar)

19 OUTUBRO

O OFTALMOLOGISTA ATESTOU ESTIGMATISMO.

Ao contrário do que pretendia, o médico atestou uma propriedade visual, ao invés de um defeito. O defeito visual por deformação na curvatura da córnea chama-se *astigmatismo*. *Estigmatismo* é a propriedade de um sistema óptico ser estigmático, ou seja, que faz corresponder a um ponto ou objeto, uma imagem pontual.

POETA / POETISA / POETAÇO

Algumas correntes da crítica literária convencionaram chamar de *poetas* as mulheres autoras de importante obra poética, em substituição a *poetisas*. Como é natural, humano e compreensível, a maioria das autoras desse gênero literário julga importante sua obra, e todas pleiteiam para si o direito ao uso da nova terminologia, já que entendem pejorativa a forma *poetisa*. Resultado: não se usa mais *poetisa*, mas apenas *poeta*, para eles e para elas. E *poetaço* significará grande poeta? Pelo contrário, apesar das aparências, o sentido é pejorativo, pois todo *poetaço* é mau poeta.

Espaço para suas experiências (o que você quiser registrar)

_____
_____
_____
_____
_____
_____
_____

20 OUTUBRO

TODA SESTA, APÓS A CESTA, MARIA VAI ÀS COMPRAS COM A SEXTA.

A confusão na frase é tão grande, apesar de causada por pequenos equívocos, que nenhum *Homo sapiens* poderia causá-la. São três palavras de pronúncia igual (homófonas), mas de escrita diferente (heterógrafas). A correção vai colocar tudo nos devidos lugares: Toda sexta, após a sesta, Maria vai às compras com a cesta.

A GREVE É PROBLEMA INSOLVÍVEL NAS VERDADEIRAS DEMOCRACIAS.

Claro, como não tem preço, a greve não pode ser paga. O que o comentarista quis dizer é que a greve é problema *insolúvel*, isto é, sem solução. Às vezes ocorrem problemas que abraçam os dois conceitos; a dívida interna brasileira, por exemplo, parece a muitos insolúvel e insolvível.

Espaço para suas experiências (o que você quiser registrar)

21 OUTUBRO

MACRO / MICRO / MINI / MAXI

Esses elementos, recebidos na língua portuguesa como se fossem prefixos, são motivo para muitos pecados, seja em relação ao emprego do hífen, seja quanto à necessidade de dobrar o *r* e o *s* quando o elemento seguinte iniciar por essas letras, com vistas a adaptar ao princípio do português que manda escrever de acordo com a pronúncia. Exemplos: microssistema, micro-ônibus, macroatacado, minissaia, minicurrículo, maxidesvalorização.

UNI / MULTI / MONO / POLI / PLURI

Repete-se a mesma situação do caso anterior. Veja os exemplos: unicelular, multinacional, mononuclear, polivalente, plurianual, multirracial, polissacarídeo.

Espaço para suas experiências (o que você quiser registrar)

22 OUTUBRO

BEMVINDO / BEM VINDO / BENVINDO

Na maior parte dos acessos às cidades do País, assim como das organizações em geral, o visitante não é *bem-vindo*, ou melhor, é recebido em português errado. A única maneira de receber bem é utilizando a forma *bem-vindo*. As demais são ofensivas.

AS LACTENTES DEVEM DAR DE MAMAR A SEUS FILHOS.

Impossível! Quem mama não está maduro para dar de mamar. Apesar de ser comum encontrar essa informação em matérias da medicina pediátrica, *lactente* é quem mama. Quem dá de mamar é a *lactante*, a que produz leite e amamenta.

Espaço para suas experiências (o que você quiser registrar)

_____
_____
_____
_____
_____
_____
_____
_____
_____
_____
_____
_____
_____
_____

23 OUTUBRO

CONFIO NA PREVIDÊNCIA DIVINA.

Se o religioso quis se referir à capacidade divina de prever, a frase é irreparável. Se, como parece provável, quis mencionar a sabedoria de Deus, é necessário mudar *Previdência* para *Providência*. Parece tratar-se de providência necessária.

A RESPOSTA FOI SÚTIL E CARREGADA DE VENENO.

Foi também carregada de vício de linguagem, pois *sútil* significa que foi costurada, unindo pedaços de pano (roupa *sútil*). Para informar que a resposta foi perspicaz, maliciosa, deve-se usar *sutil*, sutilmente.

Espaço para suas experiências (o que você quiser registrar)

_____
_____
_____
_____
_____
_____
_____
_____
_____
_____
_____
_____
_____
_____

24 OUTUBRO

O COLEGA É COCHO DE CARÁTER.

A frase do deputado teria sido antológica se o repórter que a transcreveu não tivesse atribuído ao caráter a necessidade de, à semelhança dos animais, ter no *cocho* o lugar próprio para se alimentar. Na verdade, o deputado quis afirmar que o colega era manco, *coxo* de caráter.

A FESTA TERMINOU EM GRANDE REBOLIÇO.

Com certeza muitos devem ter rebolado, mas se a situação ficou confusa, agitada, é porque a festa terminou, na verdade, em *rebuliço*. Usa-se *reboliço* apenas como adjetivo, expressando a ação de *rebolar*, enquanto *rebuliço* é sempre substantivo. Popularmente usa-se também *rebu*, forma reduzida de *rebuliço*.

Espaço para suas experiências (o que você quiser registrar)

25 OUTUBRO

A PRODUÇÃO MÉDIA É DE 58 SACOS POR HECTARE.

Como o produtor rural não plantava sacos, imagina-se que quisesse se referir à medida oficial conhecida como *saca*. Além de significar o receptáculo de produtos, *saco* também é usado como referência de medida de produtos agrícolas, mas indefinida e, em geral, menor que a da *saca*.

DE CERTO NÃO SABIA.

Como não sabia o articulista que *decerto*, advérbio com o sentido de *com certeza, por certo*, escreve-se numa só palavra: *Decerto*.

Espaço para suas experiências (o que você quiser registrar)

26 OUTUBRO

COTA OU QUOTA? COCIENTE OU QUOCIENTE?

Quem anda atrás de pecados deve mudar de rumo, pois nessas palavras eles não ocorrem, a não ser que alguém invente acentos ou tremas. *Cota* e *quota* são sinônimos que podem ser usados opcionalmente. O mesmo acontece com *cociente* e *quociente*.

ALGUNS NOMES DA LISTA ESTAVAM ACRESCIDOS DE UM ASTERÍSTICO.

E a contravenção dos bicheiros acabou originando outra: o repórter inventou *asterístico*, palavra inexistente, devendo ser trocada por *asterisco,* diminutivo de *astro, estrela*. Quando fizer isso, aproveita para tirar o *um*, por desnecessário. Corrigida, a frase ficará assim: Alguns nomes da lista estavam acrescidos de asterisco.

Espaço para suas experiências (o que você quiser registrar)

27 OUTUBRO

A CPI MOSTRARÁ A VERDADEIRA IMUNDICE EM QUE SE TRANSFORMOU A COMISSÃO DE ORÇAMENTO.

Igualmente *imunda* ficará a língua portuguesa se continuarem consagrando formas erradas, como *imundice* em vez de *imundície,* forma correta mas quase abandonada.

A SECESSÃO NO SINDICATO NÃO SERÁ PACÍFICA.

Nervoso com a sucessão, o sindicalista inovou, trocando *sucessão* por *secessão*, que significa *separação*. Ou estaria torcendo pela divisão do sindicato?

Espaço para suas experiências (o que você quiser registrar)

28 OUTUBRO

AS DROGAS A TRANSFORMARAM NUM BUXO.

Por equívoco, o rude colunista transformou a modelo em conhecido arbusto usado como ornamento nos jardins, mais conhecido como *buxinho*. O mais provável, no entanto, é que quisesse ter sido ainda mais cruel, chamando-a de *bucho*, ou seja, feia como o estômago dos animais.

É NECESSÁRIO INVESTIR EM ESTRADAS VICENAIS.

A intenção do parlamentar era valorizar as estradas *vicinais*, isto é, as que ligam localidades vizinhas, mas acabou enfatizando o que se renova de 20 em 20 anos, que é o que significa a palavra *vicenais*. Planos ou contratos *vicenais* são os que se renovam a cada 20 anos.

Espaço para suas experiências (o que você quiser registrar)

29 OUTUBRO

O MELHOR SUPER DA CIDADE

Pode ser, mas o português não está à altura. Ao contrário do prefixo *super*, a forma abreviada de *supermercado* – *súper* – exige a presença do acento, pois é substantivo que se enquadra nas regras de acentuação: paroxítona terminada em *r*.

O TURISTA PÁRA PARA CONHECER UMA FAMOSA PARA-PSICÓLOGA

É bom que o autor pare um pouco para analisar a questão da palavra *para*. Em duas das três vezes em que aparece há problemas de grafia: na primeira e na última; na primeira, trata-se da forma verbal *para,* que, segundo as normas da nova ortografia, perdeu o acento; na terceira, trata-se do falso prefixo *para,* que só não se aglutina à palavra que o segue quando esta se inicia por *h* ou *a* (vogal igual à vogal final do prefixo). Outro inconveniente: a repetição em sequência de *para* com grafia igual. Atente para a correção de todos os pecados mencionados: O turista para a fim de conhecer uma famosa parapsicóloga.

Espaço para suas experiências (o que você quiser registrar)

___
___
___
___
___
___
___
___

30 OUTUBRO

OS SEGURANÇAS SE REVESAM NA GUARDA DO MONUMENTO.

O autor deve ter sofrido sério *revés* para deduzir que *revesar* deriva de *revés*. O certo é que *revezar* deriva de *vez* (um ou mais de cada vez), sendo por isso grafado com *z*. Não existe *revesar*, com *s*.

COSTUMA AGIR COM MUITO DESCORTÍNIO.

Eis uma qualidade que, com certeza, o autor da frase não tem: *descortino*. Como deriva de *descortinar*, e não de *descortiniar*, não pode ser *descortínio*, mas *descortino*.

Espaço para suas experiências (o que você quiser registrar)

_____
_____
_____
_____
_____
_____
_____
_____
_____
_____
_____
_____
_____
_____

31 OUTUBRO

O ATLETA SOFREU UM ENTORCE

Pior o autor da frase, que provocou grave lesão na língua portuguesa. Além de errar a grafia da palavra *entorse* (que é com *s*, e não com *c*), resolveu torná-la masculina, e não feminina. Corrija-se: O atleta sofreu uma entorse.

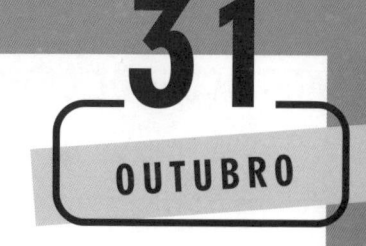

O JUIZ NÃO MARCOU O PENALTE.

O juiz não poderia mesmo marcar algo que não existe. O leitor já pensou na hipótese de se marcar penalidade máxima a cada pecado que se comete contra a língua? Quanta goleada! É preciso evitar tanto desastre, começando pelo esclarecimento de que não existe *penalte*, nem *penal*. A única forma correta em português é *pênalti*.

Espaço para suas experiências (o que você quiser registrar)

ANOTAÇÕES DE OUTUBRO E/OU NOVEMBRO

NOVEMBRO

Trás X Traz / Revés X Revezar 1
Cantando e chorando 1
Contando com sua prestigiosa presença 2
Pobre moça! 2
Seje feliz! 3
Diga tu / Dize você 3
Se eu fosse você, eu só usava... 4
Ele ainda não havia chego 4
O governo tem intervido 5
Ainda que o caso não é de emergência, é preciso agir 5
Vem você também 6
Se você ir, eu também irei 6
A previsão será de tempo bom 7
Não quero que ele colora 7
Eles se entreteram com os palhaços 8
Tu fostes 8
Essa lei vigiu por muito tempo 9
Embora sendo muito jovem, o piloto se impõe 9
Ele reaveu seus documentos 10
As autoridades interviram 10
Quero que a empresa dele fala 11
Precavenha-se contra os assaltantes 11
Os professores exporam suas razões 12
Passiamos todos os dias 12
Para os senhores poderem verem melhor,... 13
Eu adero a todas as inovações 13

Aprazeu-me recebê-lo em minha casa 14
Poderia-se definir inteligência como a capacidade de
saber escolher 14
O erro atrae 15
O jogador reteu a bola 15
O abandono das formas verbais reflexivas 16
O empresário sentou no banco dos réus 17
Mudou para Brasília 17
O Prefeito exaltou 18
Custamos para conter os rebeldes 18
É necessário que ele prive do álcool 19
Encontrei com ele...19
Os exames iniciam hoje 20
A mostra inaugurou ontem 20
É fácil de se entender 21
A greve não vai se acabar tão cedo 21
Os campeões se confraternizaram 22
O atleta brasileiro sobressaiu-se entre todos 22
Lutarei sem cessar pela discriminação da mulher 23
A seleção perdeu dos Estados Unidos 23
Milhares de pessoas assistiram o espetáculo 24
Qual é o vinho que você mais gosta? 24
A filha do empresário namorava com um presidiário 25
Conhecer português implica em muita prática 25
O recordista surpreendeu ao mundo 26
Mário recorda do fato sempre que volta à cidade 26
Preços baixos nas marcas que você confia 27
Comunicamos-lhe de que não haverá sessão 27
Professor, perdoe os alunos que erram 28
Sequestro acaba com três mortos e nove feridos 28
Conquistou um lugar no sol 29
Seu intelecto equivale o de um passarinho 29
Consultei-me com um psicanalista 30
Sempre tratou com respeito aos mais humildes 30

TRÁS X TRAZ / REVÉS X REVEZAR

1 NOVEMBRO

Se a grafia de certas palavras é com "s" ou com "z" é questão que requer a atenção de quem escreve. A correção depende sempre da origem da palavra: se lá a grafia for com "s", mantém-se o "s"; se for com "z", permanece o "z". É o que ocorre nos dois casos em destaque. Quando a origem estiver no verbo *trazer*, todas as palavras de igual origem serão grafadas com "z": traz, trazia, trazendo; quando tem o sentido de *para trás*, a grafia será com "s": trás, atrás, atraso, atrasado. O mesmo ocorre com *vez*, de que deriva *revezar* (um de cada vez) e *revezamento*; diferente de *revés*, que origina o plural *reveses* e que por isso mantém o "s" de *revés*.

CANTANDO E CHORANDO

— *Por que a galinha canta quando põe ovo?*
— *Porque o ovo é redondo. Se fosse quadrado, chorava.*

Na Escolinha do Professor Raimundo todos riram. Foi uma *ovação*. A troca do tempo verbal bem que poderia levar ao choro... Se pusesse ovo quadrado, a galinha *choraria*; como nunca o fez, não se pode afirmar que *chorava*. Em resumo, mais uma vez o português foi atingido, desta vez por um ovo...

Espaço para suas experiências (o que você quiser registrar)

_____
_____
_____
_____
_____
_____

2 NOVEMBRO

CONTANDO COM SUA PRESTIGIOSA PRESENÇA.

Muitas correspondências, convites, bilhetes e comunicações em geral encerram com esse tipo de frase, isto é, contendo apenas um verbo no gerúndio (*contando*). Quem escreve assim não se dá conta de que essa forma verbal exige sempre a presença de outro verbo, conjugado em outro tempo verbal, sob pena de só *ameaçarmos* dizer alguma coisa, mas não o fazendo. Geralmente, há duas opções: 1. Completamos a frase: Contando com sua prestigiosa presença, renovamos atenciosas saudações (ou qualquer outro afeto, dependendo das circunstâncias). 2. Mudamos o tempo do verbo: Contamos com sua prestigiosa presença. Assim, o prestígio será estendido ao idioma.

POBRE MOÇA!

— Desculpe fazê-lo esperar.
— Para ver você tão linda, eu esperava anos.

Esse diálogo, extraído de uma novela de televisão – das seis horas, é claro –, é mais um exemplo do abandono a que foi submetido o futuro do pretérito do indicativo (*esperaria*). Ao dizer que *esperava*, o galã deixou claro que já não esperava mais, como se não valesse mais a pena. E a namorada? Bem, a bela jovem, como também não conhece conjugação de verbos, se encheu de vaidade e agradeceu o *elogio*.

Espaço para suas experiências (o que você quiser registrar)

_____
_____
_____

3 NOVEMBRO

SEJE FELIZ!

Mas não assim. O certo é que se tornou mais fácil encontrar a felicidade do que a forma *seje* na conjugação do verbo *ser*. Se existisse o verbo *sejar*, até que poderia ser *seje*. Em resumo, use sempre *seja*.

DIGA TU / DIZE VOCÊ

A conjugação dos imperativos (afirmativo e negativo) é campo fértil para o cultivo de erros. Pode-se afirmar com tranquilidade que são raros os usuários da língua portuguesa que os utilizam corretamente. Erros como os dos exemplos são do dia a dia de todos os meios de comunicação. Muito usadas – afinal, quem não gosta de mandar (*imperare* – mandar) –, as formas imperativas não são difíceis, exigindo apenas muita atenção. O estudo do assunto não requer mais de dez minutos, ao passo que a atenção tem que ser permanente. *Dize tu* e *diga você* são as formas corrigidas dos exemplos acima.

Espaço para suas experiências (o que você quiser registrar)

_____
_____
_____
_____
_____
_____
_____
_____

4 NOVEMBRO

SE EU FOSSE VOCÊ, EU SÓ USAVA...

Mais uma vez ele, o futuro do pretérito, que existe para ser usado, sob pena de se obterem frases em que uma ideia se choca com outra. *Usava* é pretérito imperfeito, isto é, indica passado. Se usava, por que não usa mais? No caso da frase, o apelo publicitário poderia ter surtido efeitos contrários aos almejados pela grande empresa de *lingeries* que veiculou pela mídia nacional extensa e intensa campanha que *tentou* induzir as consumidoras a não mais preferirem sua marca. Pena que não corrigiu em tempo: Se eu fosse você, só usaria... Mas, como a maioria dos brasileiros não sabe conjugar adequadamente os verbos, o pecado deve ter resultado em efeitos negativos apenas entre os que zelam pelo idioma nacional.

ELE AINDA NÃO HAVIA CHEGO.

O particípio do verbo *chegar* é *chegado*. *Chego* é apenas a primeira pessoa do singular do presente do indicativo. E chega!

Espaço para suas experiências (o que você quiser registrar)

_____
_____
_____
_____
_____
_____
_____
_____

O GOVERNO TEM INTERVIDO.

5 NOVEMBRO

Se é correto ou não que o governo intervenha, não cabe discutir aqui. É necessário, sim, intervir na frase. O verbo *vir* e todos os seus derivados, entre os quais *intervir*, têm forma igual para particípio e gerúndio: *intervindo*, não existindo *intervido*, assim como não existe *vido*, mas apenas *vindo*. É por isso que se diz *bem-vindo*, e não *bem-vido*. Assim, frase *bem-vinda* é esta: O governo tem intervindo. Por falta de hábito, essa forma causa estranheza. Não resistindo, pode-se mudar: O governo costuma intervir; em geral intervém; entre outras opções.

AINDA QUE O CASO NÃO É DE EMERGÊNCIA, É PRECISO AGIR.

Coitado do modo subjuntivo! Até parece que foi feito para não ser usado. É emergente que corrijamos: Ainda que o caso não seja de emergência... É assim que devemos agir...

Espaço para suas experiências (o que você quiser registrar)

_____
_____
_____
_____
_____
_____
_____
_____
_____

6 NOVEMBRO

VEM VOCÊ TAMBÉM.

Venha, mas venha com jeito, sem ferir princípios elementares do idioma. Apelo publicitário dos mais difundidos no País, contém pecado contra a formação do imperativo afirmativo. Havia duas opções: *Vem tu* (segunda pessoa) e *venha você* (terceira pessoa). Misturaram as duas, e deu no que deu: *Vem você*. Lamentável.

SE VOCÊ IR, EU TAMBÉM IREI.

Abandonou-se o emprego do futuro do subjuntivo, buscando-se no fácil infinitivo a solução para mais uma forma errada. A forma correta é *se você for*. Se não for assim, é melhor que não se vá...

Espaço para suas experiências (o que você quiser registrar)

_____
_____
_____
_____
_____
_____
_____
_____
_____
_____
_____
_____

7 NOVEMBRO

A PREVISÃO SERÁ DE TEMPO BOM.

O esperto informante do tempo se perdeu no tempo do verbo... Prever o tempo já é missão quase impossível; não é por nada que há muito se diz: *Se quiser mentir, fale do tempo.* A quem caberá prever a previsão do tempo? Convenhamos que se trata de assunto imprevisível. Corrija-se a frase: A previsão é de tempo bom.

NÃO QUERO QUE ELE COLORA.

É melhor que não o faça, pois o verbo *colorir* não pode ser usado nas formas que, se existissem, terminariam em *a* e *o*. Vale o mesmo para *abolir, demolir* e *usucapir.* A solução passa pelo uso de forma composta: Não quero que ele vá colorir.

Espaço para suas experiências (o que você quiser registrar)

_____
_____
_____
_____
_____
_____
_____
_____
_____
_____

8 NOVEMBRO

ELES SE ENTRETERAM COM OS PALHAÇOS.

Entreter tem conjugação igual à de *ter*. Então, eles se *entretiveram* com os palhaços.

TU FOSTES.

Próximo da consagração, este pecado originou-se de uma forma brincalhona que uma recente geração encontrou no Rio Grande do Sul para fugir do tradicional *foste*. E caiu em terreno fértil, porque o pretérito perfeito do indicativo é o único tempo verbal cuja segunda pessoa do singular não termina em *s*. O certo é mesmo *foste* (tu); reservemos *fostes* para a segunda pessoa do plural (vós), por sinal em desuso. A regra vale, é claro, para qualquer verbo.

Espaço para suas experiências (o que você quiser registrar)

_____
_____
_____
_____
_____
_____
_____
_____
_____
_____

9 NOVEMBRO

ESSA LEI VIGIU POR MUITO TEMPO.

Cuidado, doutor! O verbo *viger* só pode ser usado nas formas em que após o *g* apareça a letra *e*: *vige, vigerá,* etc. Então, como faço? Troque pelo sinônimo *vigorar:* Essa lei vigorou por muito tempo. Ou use forma composta: Essa lei esteve em vigor por muito tempo.

EMBORA SENDO MUITO JOVEM, O PILOTO SE IMPÕE.

O experiente comentarista de automobilismo ainda não aprendeu que as conjunções concessivas exigem o verbo no subjuntivo. Assim: Embora seja muito jovem, o piloto se impõe.

Espaço para suas experiências (o que você quiser registrar)

10 NOVEMBRO

ELE REAVEU SEUS DOCUMENTOS.

Esqueceu-se o autor de que o verbo *reaver* segue a conjugação de *haver*. Isso significa que a forma correta é *reouve*: Ele reouve seus documentos. Diga-se de passagem que no caso do verbo *reaver* usam-se apenas as formas em que aparece a letra *v*. Assim sendo, formas como *reei, reás,* etc. não existem.

AS AUTORIDADES INTERVIRAM.

O certo é que *intervieram*, porque todos os verbos derivados de *vir* têm conjugação igual à dele. É o caso de *advir, provir, sobrevir,* entre outros. Portanto: As autoridades intervieram.

Espaço para suas experiências (o que você quiser registrar)

11 NOVEMBRO

QUERO QUE A EMPRESA DELE FALA.

Para falar a verdade, quem está por *falir* é o autor dessa frase, e não a empresa de que *fala*. Esclarecendo melhor – ou, melhor, esclarecendo tudo –, o verbo *falir* só pode ser usado nas formas arrizotônicas, ou seja, as que têm o acento tônico na raiz. Acrescente-se ainda que *falir* nada tem a ver com *falar*. O certo é que tem que trocar de verbo, como o popular *quebrar*. Assim, só falta corrigir a frase: Quero que a empresa dele quebre; ou = Quero que a empresa dele vá à falência.

PRECAVENHA-SE CONTRA OS ASSALTANTES.

Não se *precavenha* nem se *precaveja*, mas *previna-se*. Precaver-se também só pode ser usado nas formas arrizotônicas: *precavemos, precaveis, precavi*, etc.

Espaço para suas experiências (o que você quiser registrar)

___
___
___
___
___
___
___
___
___
___
___
___

12 NOVEMBRO

OS PROFESSORES EXPORAM SUAS RAZÕES.

Com certeza, o autor da frase não era professor de Português, pois este teria conjugado corretamente o verbo *expor:* Os professores expuseram suas razões. Sabem eles que todos os verbos derivados de *pôr* (*depor, repor, propor, expor...*) seguem rigorosamente a conjugação do verbo *pôr*.

PASSIAMOS TODOS OS DIAS.

Se o verbo é *passear*, com *e*, por que mudar para *passiamos*, com *i*? O certo é mesmo *passeamos*. Mas não é *eu passeio*? Sim. Acontece que nos verbos terminados em *ear*, insere-se um *i* nas formas rizotônicas (não custa nada repetir: formas rizotônicas são as que têm o acento tônico na raiz): *passeio, nomeie,* etc. Em todas as demais formas, nada acontece de anormal. Até mesmo formas como *passeemos, nomeei,* etc. são normais.

Espaço para suas experiências (o que você quiser registrar)

_____
_____
_____
_____
_____
_____
_____
_____
_____

13 NOVEMBRO

PARA OS SENHORES PODEREM VEREM MELHOR,...

Para os senhores poderem entender melhor, interrompeu-se o discurso para dizer que dois verbos em sequência no infinitivo flexionado é erro que fere, embaralhando o ouvido, a visão e o bom entendimento da mensagem. Os senhores já devem ter corrigido: Para os senhores poderem ver melhor,...

EU ADERO A TODAS AS INOVAÇÕES.

O melhor é aderir ao que é correto. Para o caso dessa frase, o correto é: *Eu adiro...* Isso porque verbos como *aderir, advertir, aferir, auferir, compelir, repelir* e outros mudam o *e* da raiz para *i* na primeira pessoa do singular do presente do indicativo e nas formas dela derivadas, que são o presente do subjuntivo, o imperativo negativo e as do imperativo afirmativo derivadas do presente do subjuntivo: eu adiro, que eu adira, adira ele, etc.

Espaço para suas experiências (o que você quiser registrar)

_____
_____
_____
_____
_____
_____
_____
_____

14 NOVEMBRO

APRAZEU-ME RECEBÊ-LO EM MINHA CASA.

Por mais prazer que possa causar, é errado dizer *aprazeu*, já que o correto é *aprouve*. É o mesmo caso dos verbos *caber, trazer* e *saber*, que assumem forma completamente irregular no pretérito perfeito do indicativo e nos tempos dele derivados, ou seja, futuro do subjuntivo, pretérito imperfeito do subjuntivo e pretérito mais-que-perfeito do indicativo: *soube, aprouve, coubera, trouxesse*.

PODERIA-SE DEFINIR INTELIGÊNCIA COMO A CAPACIDADE DE SABER ESCOLHER.

Faltou inteligência para o autor da frase na escolha da conjugação correta do verbo *poder*. Os futuros, do presente e do pretérito, quando conjugados com pronome oblíquo, não admitem a forma enclítica (pronome após o verbo). Não havendo razão para a próclise (pronome antes do verbo), deve-se usar a mesóclise (pronome no meio do verbo). Assim: Poder-se-ia definir inteligência como a capacidade de saber escolher.

Espaço para suas experiências (o que você quiser registrar)

_____
_____
_____
_____
_____
_____

15 NOVEMBRO

O ERRO ATRAE.

É verdade! Pior ainda quando *atrae* com *e*. O certo é *atrai* com *i*. O mesmo vale para *inclui, dói, constrói, destrói*, etc. Já na terceira pessoa do plural do presente do indicativo estes verbos terminam em *em*: atraem, incluem, doem, constroem, destroem, etc., não havendo nisso irregularidade.

O JOGADOR RETEU A BOLA.

É preciso que se diga ao comentarista que o verbo *reter* tem a mesma conjugação de *ter*. Portanto: O jogador reteve a bola.

Espaço para suas experiências (o que você quiser registrar)

16 NOVEMBRO

O ABANDONO DAS FORMAS VERBAIS REFLEXIVAS

As formas verbais reflexivas são aquelas em que a ação do sujeito recai, reflete (daí *reflexiva*) sobre ele mesmo. No exemplo *O Brasil classificou-se*, se está a afirmar que ele se classificou. Se eu disser apenas *O Brasil classificou*, faltará a informação de quem se classificou, porque a vitória do Brasil poderia classificar outro país. Caberia a pergunta: O Brasil classificou quem? Portanto, o uso do pronome reflexivo (*me, te, se, nos, vos*) interfere diretamente no significado.

Examine estes exemplos:

– *O paciente internou*. Internou quem? – A si mesmo.
Portanto: *O paciente internou-se*.
– *O devoto ajoelhou*. Ajoelhou quem? – Ele mesmo.
Portanto: *O devoto ajoelhou-se*.
– *O jogador machucou*. Machucou quem? – A si mesmo.
Portanto: *O jogador machucou-se*.
– *Hoje levantei cedo*. Levantou o quê? – A mim mesmo.
Portanto: *Hoje me levantei cedo*.

Espaço para suas experiências (o que você quiser registrar)

_____
_____
_____
_____
_____
_____
_____

17 NOVEMBRO

O EMPRESÁRIO SENTOU NO BANCO DOS RÉUS.

Sentou quem no banco dos réus? Afinal, já são tantos os réus! Esclarecido que a vítima foi ele mesmo, concluiu-se pela necessidade do uso do pronome reflexivo. Assim: O empresário sentou-se no banco dos réus.

MUDOU PARA BRASÍLIA.

Mudou o que para Brasília? – Não, ele foi morar lá. Então, trata-se de forma reflexiva, ou seja, ele se mudou. Portanto: Mudou-se para Brasília.

Espaço para suas experiências (o que você quiser registrar)

18 NOVEMBRO

O PREFEITO EXALTOU.

E o vereador, muito exaltado, foi vítima do mesmo mal. Exaltou de quê? De alegria, ou de tristeza? – Não, ele se exaltou. Então: O Prefeito se exaltou.

CUSTAMOS PARA CONTER OS REBELDES.

Quem custou conter? Nós ou os rebeldes? – Não, conter os rebeldes é que nos custou. Então, é necessário corrigir sua afirmação: Custou-nos conter os rebeldes.

Espaço para suas experiências (o que você quiser registrar)

19 NOVEMBRO

É NECESSÁRIO QUE ELE PRIVE DO ÁLCOOL.

Exemplo clássico de mau conselho este, pois, ao contrário do que se diz na frase, o alcoolista precisa livrar-se do álcool, e não privar dele, ou seja, fazer-lhe companhia. Privando de melhor linguagem, o profissional da saúde deveria saber que *privar* tem sentido oposto ao de *privar-se*. Assim, é preciso corrigir a frase: É necessário que ele se prive do álcool.

ENCONTREI COM ELE.

Objetos roubados, contrabando, drogas, o que foi que você encontrou com ele? Nada disso! Apenas me encontrei com ele. Então tem que dizer: Encontrei-me com ele.

Espaço para suas experiências (o que você quiser registrar)

20 NOVEMBRO

OS EXAMES INICIAM HOJE.

Os exames iniciam o quê? Não, eles é que iniciam. Bem, então: Os exames se iniciam hoje.

A MOSTRA INAUGUROU ONTEM.

O que foi que a mostra inaugurou? Não, a mostra foi inaugurada. Se não inaugurou, mas foi inaugurada, a ação se refletiu sobre ela. Em outras palavras, de novo a forma verbal deve ser reflexiva: A mostra se inaugurou ontem. Preferindo a forma analítica da voz passiva, pode-se optar por: A mostra foi inaugurada ontem.

Espaço para suas experiências (o que você quiser registrar)

21 NOVEMBRO

É FÁCIL DE SE ENTENDER.

Mas não assim. O autor nada entendeu do que afirmou. *Entende-se* só é reflexivo quando o sentido remete a quem se comunica, nada tendo a ver com os outros, muito menos com a frase, que deve ser corrigida: É fácil de entender.

A GREVE NÃO VAI SE ACABAR TÃO CEDO.

Pelo visto, os pecados também vão continuar, principalmente os que resultam da falta de atenção também aos verbos não reflexivos. *Acabar-se* é *acabar consigo*. Todos sabem que a greve não fará isso. Para acabar com o erro, procede-se assim: A greve não vai acabar tão cedo.

Espaço para suas experiências (o que você quiser registrar)

___
___
___
___
___
___
___
___
___
___

22 NOVEMBRO

OS CAMPEÕES SE CONFRATERNIZARAM.

Em *confraternizar* já estão implícitas as ideias de reciprocidade e de reflexividade. A ação reverte sobre todos os que participam da confraternização. Por isso mesmo deve-se eliminar o pronome reflexivo. Em outras palavras, não existe *confraternizar-se*, sendo correto: Os campeões confraternizaram.

O ATLETA BRASILEIRO SOBRESSAIU-SE ENTRE TODOS.

O verbo *sobressair* não pode ser pronominal, reflexivo, pois a ação de sobressair não pode reverter sobre o sujeito, o autor da ação, mas sobre outros. Em outras palavras, ninguém se compara consigo, mas sempre com outros, sendo melhor sobressair assim: O atleta brasileiro sobressaiu entre todos.

Espaço para suas experiências (o que você quiser registrar)

_____
_____
_____
_____
_____
_____
_____
_____
_____
_____
_____
_____

23 NOVEMBRO

LUTAREI SEM CESSAR PELA DISCRIMINAÇÃO DA MULHER.

Em busca dos votos femininos, a infeliz candidata a vereador *discriminou* mal as preposições. Ao lutar contra os interesses das mulheres, levou apenas alguns votos de representantes machistas. Na próxima eleição promete: Lutarei sem cessar contra a discriminação da mulher.

A SELEÇÃO PERDEU DOS ESTADOS UNIDOS.

Para que o nosso castigado português não continue *perdendo* também, acerte-se o sentido da frase dizendo: A seleção perdeu para os Estados Unidos. Quem perde, perde *para alguém*, e não *de alguém*.

Espaço para suas experiências (o que você quiser registrar)

_____
_____
_____
_____
_____
_____
_____
_____
_____
_____
_____

24 NOVEMBRO

MILHARES DE PESSOAS ASSISTIRAM O ESPETÁCULO.

Pode-se deduzir, sem medo de errar, que o espetáculo não foi bom. Por quê? Porque a gente *assiste* o doente, o que não está bem. Quando se é espectador, a gente *assiste ao* espetáculo. Então, bom espetáculo!

QUAL É O VINHO QUE VOCÊ MAIS GOSTA?

Gosto de muitos vinhos. Depende da ocasião. E você, *de* que vinho gosta? Portanto, faltou na frase a preposição *de*: Qual é o vinho de que você mais gosta?

Espaço para suas experiências (o que você quiser registrar)

_____
_____
_____
_____
_____
_____
_____
_____
_____
_____
_____
_____
_____
_____
_____

25 NOVEMBRO

A FILHA DO EMPRESÁRIO NAMORAVA COM UM PRESIDIÁRIO.

Se o fato espantava o repórter, a frase espanta os cultores da boa linguagem, que costumam namorar formas corretas. Quem namora, namora alguém, e não com alguém. Além disso, é preciso esclarecer que lugar de rima é na poesia, a não ser que, ao rimar com *presidiário*, quisesse externar sua ira contra o *empresário*. Corrija-se tudo: A filha do empresário namorava um preso.

CONHECER PORTUGUÊS IMPLICA EM MUITA PRÁTICA.

O autor da frase, por exemplo, precisa praticar mais, muito mais. Acontece que *implicar* no sentido de *exigir* não requer preposição. Portanto: Conhecer português implica muita prática.

Espaço para suas experiências (o que você quiser registrar)

26 NOVEMBRO

O RECORDISTA SURPREENDEU AO MUNDO.

Entusiasmado com o atleta sul-africano que quebrou o recorde dos 400m, o narrador não teve o mesmo desempenho, errando na regência do verbo *surpreender*. Corrijamos: O recordista surpreendeu o mundo.

MÁRIO RECORDA DO FATO SEMPRE QUE VOLTA À CIDADE.

Quem recorda, recorda alguém ou alguma coisa; portanto: Mário recorda o fato sempre que volta à cidade. Se preferir utilizar a preposição *de*, o autor da frase poderá usar o verbo *recordar-se,* pois quem se recorda, recorda-se de alguém ou de alguma coisa: Mário se recorda do fato sempre que volta à cidade. A passagem de verbo transitivo direto para transitivo indireto quando do uso da partícula *se* é fato comum em nosso idioma.

Espaço para suas experiências (o que você quiser registrar)
___
___
___
___
___
___
___
___
___

27 NOVEMBRO

PREÇOS BAIXOS NAS MARCAS QUE VOCÊ CONFIA.

Caso idêntico ao anterior, a frase só fica confiável se se usar a preposição que o verbo *confiar* rege: Preços baixos nas marcas em que você confia.

COMUNICAMOS-LHE DE QUE NÃO HAVERÁ SESSÃO.

Há dois objetos indiretos e falta o direto. Retirando a preposição *de*, a frase ficará correta: Comunicamos-lhe que não haverá sessão, agora com um objeto direto e outro indireto, atendendo à exigência do verbo. Com o verbo *comunicar*, a pessoa a quem se comunica é sempre objeto indireto e o que se comunica, objeto direto.

Espaço para suas experiências (o que você quiser registrar)

_____
_____
_____
_____
_____
_____
_____
_____
_____
_____
_____

28 NOVEMBRO

PROFESSOR, PERDOE OS ALUNOS QUE ERRAM.

Deve-se perdoar, sim, mas não insistir demais no erro. As pessoas são perdoadas com a preposição *a*; as coisas perdoadas o são sem preposição. Portanto, o professor perdoa aos alunos os erros cometidos.

SEQUESTRO ACABA COM TRÊS MORTOS E NOVE FERIDOS.

Esta manchete de jornal é exemplo dos mais bem-acabados do descuido a que é submetida a regência verbal. O sentido é confuso e paradoxal. É impossível imaginar o que significa *acabar com* três mortos. *Acabar com* nove feridos provavelmente signifique sua execução e morte. Na verdade, a notícia queria informar que o sequestro teve como resultado três mortos e nove feridos. Em síntese, quem gerou toda essa confusão foi a preposição *com*, indevidamente usada em lugar de *em*.

Espaço para suas experiências (o que você quiser registrar)

29 NOVEMBRO

CONQUISTOU UM LUGAR NO SOL.

O mesmo acontecerá com o autor da frase, que, não resistindo ao calor, morrerá torrado no sol. Corrigindo-se e sendo mais generoso com os outros, é possível que conquiste um lugar ao sol. Assim: Conquistou um lugar ao sol.

SEU INTELECTO EQUIVALE O DE UM PASSARINHO.

E o passarinho está com novo concorrente: o autor da frase. O que equivale, equivale a alguma coisa, equivalendo a dizer que o verbo *equivaler* exige a presença da preposição *a*, no caso em fusão com o artigo *o*. Assim: Seu intelecto equivale ao de um passarinho.

Espaço para suas experiências (o que você quiser registrar)

_____
_____
_____
_____
_____
_____
_____
_____
_____
_____
_____
_____

30 NOVEMBRO

CONSULTEI-ME COM UM PSICANALISTA.

De consulta em consulta, o pecador voltará ao professor. Este lhe dirá: "Você terá que escolher entre consultar a si próprio e consultar um psicanalista. Você decide." Aprendida a lição, é possível que decida optar pela forma correta: Consultei um psicanalista.

SEMPRE TRATOU COM RESPEITO AOS MAIS HUMILDES.

Quem trata, trata alguém, e não a alguém. Portanto, com esse significado o verbo *tratar* rege objeto direto, e não indireto. Assim: Sempre tratou com respeito os mais humildes.

Espaço para suas experiências (o que você quiser registrar)

_____
_____
_____
_____
_____
_____
_____
_____
_____
_____
_____
_____
_____
_____

DEZEMBRO

Exame não confirma uma fratura 1
Bimensal X Bimestral 1
Um bilhão 2
O paciente tinha um fígado afetado 2
Bi, tri, tetra, penta... 3
Assalto a banco: um milhão e dois feridos 3
Ele tem um duplo interesse 4
Hum milhão de reais 4
Quinhentas milhões de ações foram lançadas no mercado 5
Duzentos mil laranjas apodreceram 5
Catorze (quatorze) / Cinquenta 6
O Brasil precisa dar um giro de 360 graus 6
Cerca de 1,5 milhões de pessoas passam fome na
região metropolitana 7
O artigo 16.º da lei garante esse direito 7
O 01 de Maio foi comemorado com muitos protestos 8
Faltavam apenas 15,0 kmts. para terminar a prova 8
Os anos bisextos ocorrem de seis em seis anos 9
A vantagem é que essa vacina permite uma aplicação em massa 9
Sargento / Sargenta 10
Cabo / Caba 10
Champanha ou champanhe? 11
O testemunho deu importante testemunha 11
Grama X Grama 12
O Ministro não soube explicar o gênese da corrupção 12
Uma palavra especial para as senhoras confrades 13
A Internacional X O Internacional 13
A maestra foi exuberante 14
Neste rádio só dá música erudita 14

O goleiro ficou parado debaixo dos paus 15
As megas potências 15
É só fazer a prova dos nove 16
No Vale dos Sinos predomina a indústria do calçado 16
São homens de bens 17
Feliz férias 17
Ele tem a habilidade de um bom saca-rolha 18
O Brasil desenvolveu mais suas costas 18
Só faltou pedir perdão de joelho 19
A geografia já teve diversos mapas-múndis neste século 19
Por si só descobrirão as formas corretas 20
Também serão conhecidas as rainha e as princesas 20
A natureza pintou diversos arcos-íris no céu 21
Estarei vendo bem, ou estará meu óculo vencido? 21
Os guardas-chuvas são tão necessários quanto os
guarda-noturnos 22
Já comentei miles de vezes 22
Aproveitou da situação e se infiltrou 23
O Presidente está para o Rio de Janeiro 23
Este é o especialista que me referi 24
O candidato não atendeu os requisitos 24
A crise pela qual o País atravessa 25
A atriz deu a luz a um menino 25
Nos fins de semana muitos vão para a praia 26
Comuniquei o Presidente sobre o assunto 26
Foi um bonito gol pela forma que foi armado 27
Evento terminou com festa 27
Estamos falando desde o Maracanã 28
O que mais se ouve falar no País é corrupção 28
Sonho que se tornou em esplêndida realidade 29
A equipe atingiu ao clímax 29
Esta é a única marquinha que você pode ficar do verão 30
O juiz solicitou para que todos os repórteres saíssem 30
Os candidatos debateram sobre os problemas mais relevantes
do Município 31
Feliz Ano-Novo X Feliz ano novo 31

1 DEZEMBRO

EXAME NÃO CONFIRMA UMA FRATURA.

O título da matéria referia-se à lesão de um jogador da Seleção Brasileira de futebol. A informação deixava em aberto a possibilidade de mais de uma fratura, quando seu autor quis informar que não houvera fratura. A ambiguidade se deve a *uma*, que pode ser interpretado como numeral ou artigo indefinido. Deve ser influência do inglês, que costuma usar o artigo antes de qualquer substantivo, até mesmo no tradicional *The end* dos finais de filmes, que bem traduzido para o português resulta no simples *Fim*. A solução para a ambiguidade é simples: basta eliminar o *uma*, culpado pela confusão: Exame não confirma fratura.

BIMENSAL X BIMESTRAL.

Ao contrário do que muitos pensam, estas palavras têm sentidos diferentes, e muito diferentes. *Bimensal* quer dizer duas vezes por mês, enquanto *bimestral* significa de dois em dois meses.

Espaço para suas experiências (o que você quiser registrar)

_____
_____
_____
_____
_____
_____
_____
_____

2 DEZEMBRO

UM BILHÃO

A rigor, *um bilhão* significa *duas vezes um milhão*, ou seja, *dois milhões*; portanto, bem menos que dois mil milhões. Aliás, muitos contabilistas preferem chamar de *dois mil milhões* o que a maioria expressa por *dois bilhões*. Parece ser a opção mais oportuna, principalmente se levarmos em conta que nossos vizinhos, de fala espanhola, atribuem ao *bilhão (billón)* o sentido de *um milhão de vezes um milhão*, em vez de *um mil vezes um milhão*, que é o sentido com que nós usamos *bilhão*. Isso em tempos de integração em torno do Mercosul conta muito, pois ameaça o bom entendimento nos negócios bi ou multilaterais. Apenas para lembrar: os que atribuem a *bi* o sentido de *duas vezes seguidas* estão diante de uma situação estranha: *duas vezes seguidas um milhão*.

O PACIENTE TINHA UM FÍGADO AFETADO.

Encontrada em artigo científico de revista especializada, a frase insinua que o referido paciente teria mais de um fígado, coisa inédita em seres humanos... Portanto, o autor deveria ter informado que o paciente tinha *o* fígado afetado, e não *um* fígado, até para não ter que ouvir a pergunta a respeito da situação do outro fígado.

Espaço para suas experiências (o que você quiser registrar)

_____
_____
_____
_____
_____
_____

3 DEZEMBRO

BI, TRI, TETRA, PENTA...

Na origem, estes falsos prefixos tinham o sentido de *dois, três, quatro, cinco...*, assumindo mais tarde também a acepção de *duas vezes, três vezes...* Já existe quem queira atribuir-lhe o sentido de *duas vezes seguidas, três vezes seguidas...* Não estarão exagerando com o dinamismo dos idiomas?

ASSALTO A BANCO: UM MILHÃO E DOIS FERIDOS

A manchete, encontrada há algum tempo em importante jornal, deixou incrédulos seus fiéis leitores. E não era para menos, pois o número de feridos superava o total da população da cidade na época. Ao ler o texto na íntegra, soube-se que, a bem da verdade, os assaltantes haviam roubado R$ um milhão e que duas pessoas tinham sido feridas. Só falta corrigir a manchete: Assalto a banco: R$ um milhão roubado e dois feridos.

Espaço para suas experiências (o que você quiser registrar)

4 DEZEMBRO

ELE TEM UM DUPLO INTERESSE.

É *um* ou *duplo*? As duas ao mesmo tempo, é certo que não. No caso, é evidente que o comunicador quis dizer que *ele tem duplo interesse*.

HUM MILHÃO DE REAIS

Em documentos preenchidos de próprio punho, em letra *script,* convém cometer esse absurdo da grafia do numeral *um* com *h,* pois é fácil realizar o milagre da multiplicação, transformando *um* em *cem*. Preenchido em qualquer máquina de escrever ou em letras maiúsculas, a segurança abre mão desse absurdo gráfico, devendo-se eliminar o *h*.

Espaço para suas experiências (o que você quiser registrar)

_____
_____
_____
_____
_____
_____
_____
_____
_____
_____
_____
_____

5 DEZEMBRO

QUINHENTAS MILHÕES DE AÇÕES FORAM LANÇADAS NO MERCADO.

À semelhança de *milhar*, também *milhão* é substantivo masculino, valendo, portanto: Quinhentos milhões de ações...

DUZENTOS MIL LARANJAS APODRECERAM

O azarado usuário do português errou de novo. Acontece que *mil* não é substantivo, mas numeral. Como tal, a concordância tem que ser feita com o substantivo que se segue. Então, corrija-se a frase: Duzentas mil laranjas apodreceram.

Espaço para suas experiências (o que você quiser registrar)

_____
_____
_____
_____
_____
_____
_____
_____
_____
_____
_____
_____
_____
_____

6 DEZEMBRO

CATORZE (QUATORZE) / CINQUENTA

Enquanto o usuário pode escolher entre *catorze* e *quatorze*, o mesmo não acontece com *cinquenta*, única forma correta. Não existe *cincoenta*.

O BRASIL PRECISA DAR UM GIRO DE 360 GRAUS.

O comentarista não se deu conta de que, ao dar um giro de 360 graus, o País em seguida voltaria à situação em que se encontrava antes do *fantástico giro*. Como, seguramente, pensava numa mudança completa, imagina-se que desejasse sugerir um giro de apenas 180°.

Espaço para suas experiências (o que você quiser registrar)

7 DEZEMBRO

CERCA DE 1,5 MILHÕES DE PESSOAS PASSAM FOME NA REGIÃO METROPOLITANA.

Apesar do número assustador de famintos da grande metrópole, o substantivo *milhão* só flexiona para *milhões* no plural, isto é, a partir de *dois: dois milhões*. Portanto: Cerca de 1,5 milhão de pessoas...

O ARTIGO 16.º DA LEI GARANTE ESSE DIREITO.

Garante o direito a que se refere o jurista, mas não o de errar de forma tão grosseira o uso do numeral. Na enumeração de artigos, em que estes precedem o numeral, usa-se o ordinal até 9, mudando depois para cardinal: *artigo 1.º, 2.º...,* mas *artigo 10, 11...* Quando o numeral precede o artigo, sim, deve-se sempre usar o ordinal: *16.º artigo*. O mesmo vale para parágrafos e capítulos. No caso dos parágrafos, pode-se optar pelo sinal de parágrafo: §, formado por dois SS entrelaçados na vertical e que deriva do latim *signum seccionis* (sinal de seção). Esse símbolo não deve ser usado quando se trata do parágrafo conhecido como único. Nesse caso o certo é escrever tudo por extenso: *parágrafo único*.

Espaço para suas experiências (o que você quiser registrar)

8 DEZEMBRO

O 01 DE MAIO FOI COMEMORADO COM MUITOS PROTESTOS.

O leitor leu o *zero* de *01 de Maio?* É claro que não. Se não leu, por que o autor escreveu? Então o certo é *1 de Maio?* Também não. Todo dia primeiro do mês é *primeiro,* e não *um,* ou seja, o numeral é ordinal, e não cardinal. A partir do segundo dia usa-se o cardinal: 2, 3...

FALTAVAM APENAS 15,0 KMTS. PARA TERMINAR A PROVA.

E sobravam erros de comunicação gráfica. Algum leitor leu *quinze vírgula zero?* Não, com certeza todos leram simplesmente *quinze.* Por que, então, *15,0,* e não *15*? Na continuação, outro erro *quilométrico*: o símbolo de *quilômetro* é *km*, valendo para singular e plural, sem o *s* indicativo de plural. Outra: a não ser que coincida com o final da frase, não se usa ponto para encerrar os símbolos. A frase correta seria a seguinte: Faltavam apenas 15 km para terminar a prova. Essa orientação vale para todos os símbolos: *m, min, cm, g, kg...*

Espaço para suas experiências (o que você quiser registrar)

___
___
___
___
___
___
___

9 DEZEMBRO

OS ANOS BISEXTOS OCORREM DE SEIS EM SEIS ANOS.

Há na frase *apenas* três pecados. Primeiro: ao juntar *bi* com *sextos*, é necessário dobrar o *s*, para adequar a grafia à pronúncia, já que o *s* isolado entre duas vogais tem som de *z*, ficando assim: *bissextos*. O segundo pecado é *calendarial* (de calendário), pois, na verdade, os anos bissextos se repetem de quatro em quatro anos, e não de seis em seis. Terceiro: a expressão se originou do simples fato de os anos bissextos terem 366 dias, em vez dos normais 365, isto é, a expressão numérica contém duas vezes o algarismo 6, derivando daí a palavra *bissexto*.

A VANTAGEM É QUE ESSA VACINA PERMITE UMA APLICAÇÃO EM MASSA.

Sem dúvida, trata-se de vacina extraordinária, pois uma aplicação imuniza uma massa inteira. Enquanto não descobrem essa vacina milagrosa, convém dizer a verdade, o que se faz eliminando o numeral usado com a intenção de funcionar como artigo indefinido: A vantagem é que essa vacina permite aplicação em massa.

Espaço para suas experiências (o que você quiser registrar)

_____
_____
_____
_____
_____
_____

10 DEZEMBRO

SARGENTO / SARGENTA

Por que não *sargenta*? A título de informação, esclareça-se que as corporações militares brasileiras adotaram as formas compostas *sargento feminino, cabo feminino,* etc.

CABO / CABA

Por que não *caba? – Não, isso é ridículo.* É preferível deduzir que é novo e que por isso parece ridículo. A mesma reação acontece quando se lança uma moda revolucionária. Não que ela seja ridícula, mas sim nova, revolucionária. Passa um tempo, e todos adotam, achando-a linda, maravilhosa... Trata-se de questão meramente cultural.

Espaço para suas experiências (o que você quiser registrar)

11 DEZEMBRO

CHAMPANHA OU CHAMPANHE?

As duas formas são aceitas, em que pese os franceses propugnarem pela exclusividade de uso dessa denominação para referir os espumantes elaborados na região de Champagne. Se o uso do termo fere legislação vitivinícola internacional, no Brasil ele está inteiramente consagrado, apesar de em alguns meios estar ocorrendo a troca dessa denominação por *espumante*. O pecado contra o idioma nacional ocorre mesmo é no gênero, pois muitos pecadores usam o termo feminino: *a champanha, uma champanha*. Como se supõe o termo masculino *vinho* (champanha ou champanhe é um tipo de vinho), trata-se de substantivo masculino: *o champanha* ou *champanhe,* um *champanha* ou *champanhe*.

O TESTEMUNHO DEU IMPORTANTE TESTEMUNHA.

Tudo errado! Tudo trocado! O depoimento que alguém dá é que se chama de *testemunho*. Quem dá o testemunho é *a testemunha*, substantivo sempre feminino. A frase correta é esta: A testemunha deu importante testemunho.

Espaço para suas experiências (o que você quiser registrar)

12 DEZEMBRO

GRAMA X GRAMA

Causa de muitos pecados, o substantivo *grama* pode ser masculino ou feminino, dependendo do sentido. Com o sentido de relva, pasto, é feminino: a grama que se pasta... Como unidade de peso, é sempre masculino: o grama de ouro, duzentos gramas de queijo...

O MINISTRO NÃO SOUBE EXPLICAR O GÊNESE DA CORRUPÇÃO.

Bem mais fácil é explicar a gênese do erro contra a língua cometido pelo comentarista: confundiu o primeiro livro do *Pentateuco* de Moisés (o *Gênese*) com o substantivo feminino *gênese*. Portanto: O Ministro não soube explicar a gênese da corrupção.

Espaço para suas experiências (o que você quiser registrar)

13 DEZEMBRO

UMA PALAVRA ESPECIAL PARA AS SENHORAS CONFRADES

Que seja especial, mas não errada. Assim como os senhores são confrades, as senhoras da confraria se sentirão melhor se forem tratadas no feminino, e o feminino de *confrade* é *confreira*, assim como *freira* é o feminino de *frade*. Corrija-se a frase: Uma palavra especial para as senhoras confreiras.

A INTERNACIONAL X O INTERNACIONAL

Seguidamente surge a dúvida com respeito ao gênero de clubes de futebol. Salvo uso consagrado em contrário, deve-se verificar o nome completo da agremiação. Se é sociedade, associação, etc., será *a Internacional*; é o caso da Associação Atlética Internacional, de Limeira (SP). Se o nome incluir o sentido de clube, de clube atlético, etc., será o *Internacional*, como é o caso do Sport Club Internacional, de Porto Alegre (RS). Deve-se seguir o mesmo critério com todas as agremiações. Há casos em que o uso contraria a norma, como, por exemplo, Sociedade Esportiva Palmeiras; portanto, *a Palmeiras*. Os palmeirenses concordarão?

Espaço para suas experiências (o que você quiser registrar)

_____
_____
_____
_____
_____

14 DEZEMBRO

A MAESTRA FOI EXUBERANTE.

E o português do observador, decepcionante. Opondo-se à maestria da regente, errou no que qualquer crítico de música não pode errar, nem técnica nem socialmente: o feminino de *maestro* é *maestrina*, e não *maestra*, palavra que existe no espanhol, mas não no português.

NESTE RÁDIO SÓ DÁ MÚSICA ERUDITA.

Estranho aparelho! Mais estranho só mesmo ouvir isso de locutor de emissora dedicada exclusivamente à cultura. A linguagem está completamente desafinada com programação tão erudita. Acontece que *rádio* é palavra masculina quando tem os sentidos de aparelho e de meio de comunicação, mas é feminina quando se refere a determinada emissora. Portanto, em nome da cultura e das boas comunicações, deve-se corrigir a afirmação: Nesta rádio só dá música erudita.

Espaço para suas experiências (o que você quiser registrar)

15 DEZEMBRO

O GOLEIRO FICOU PARADO DEBAIXO DOS PAUS.

Consagrado vício da linguagem futebolística, mais do que uma questão de linguagem, é erro matemático. Quantos paus estão acima do goleiro? Apenas um. Há, isso sim, dois paus laterais, pelo que se deduz estar o goleiro entre dois paus, mas debaixo de apenas um. Portanto, antes que os paus comecem a despencar sobre os goleiros brasileiros, corrija-se a frase: O goleiro ficou parado debaixo do pau.

AS MEGAS POTÊNCIAS

Antes de mais nada, é necessário corrigir esse megaerro de flexão. *Mega* é prefixo que se une a outras palavras e que não pode flexionar. Assim: As megapontências econômicas.

Espaço para suas experiências (o que você quiser registrar)

_____
_____
_____
_____
_____
_____
_____
_____
_____
_____

16 DEZEMBRO

É SÓ FAZER A PROVA DOS NOVE.

Essa prova utiliza o nove mais de uma vez, motivo por que o numeral deve ser referido no plural: É só fazer a prova dos noves.

NO VALE DOS SINOS PREDOMINA A INDÚSTRIA DO CALÇADO.

Para não parecer que os sinos existentes antigamente no vale foram substituídos por indústrias de calçados, deve-se corrigir a expressão *Vale dos Sinos* para *Vale do Sinos*, até porque se trata de rio chamado *Rio dos Sinos*, derivando daí *Vale do Rio dos Sinos*, que evoluiu para *Vale do Sinos*, por eliminação de *Rio dos*, e não *do Rio*.

Espaço para suas experiências (o que você quiser registrar)

SÃO HOMENS DE BENS.

Antes de corrigir a frase, é necessário saber de seu autor se ele está se referindo a homens que possuem muita riqueza (substantivo *bem*), ou a homens de bom caráter (advérbio *bem*). Se for a primeira hipótese, a frase estará correta: *São homens de bens* (de riquezas). O mais provável é que esteja se referindo a homens de bom caráter, caso em que a frase deve ser corrigida para: São homens de bem. Tudo porque o advérbio não pode flexionar.

FELIZ FÉRIAS

Engraçado! Certas pessoas desejam *boas férias,* mas quando trocam de adjetivo (*boas* para *felizes*), não fazem a flexão. É necessário ser coerente, dizendo: *Felizes férias.*

Espaço para suas experiências (o que você quiser registrar)

_____
_____
_____
_____
_____
_____
_____
_____
_____

17 DEZEMBRO

18 DEZEMBRO

ELE TEM A HABILIDADE DE UM BOM SACA-ROLHA.

Melhor ainda se, diferentemente do autor da frase, souber que todo bom saca-rolhas não é descartável, servindo para sacá-las em grande quantidade e por muito tempo; então, corrija-se para *um bom saca-rolhas*, a não apenas *um bom saca-rolha*.

O BRASIL DESENVOLVEU MAIS SUAS COSTAS.

Aí o economista inverteu as coisas. Quis dizer que nosso País desenvolveu *sua costa*, isto é, seu litoral, mas acabou dando as costas à verdade, informando aos leitores que o desenvolvimento se deu no outro extremo, ou seja, nas *suas costas*. Para repor a verdade, basta corrigir a flexão: *O Brasil desenvolveu mais sua costa*. Explique-se melhor: *costa*, no singular, tem o sentido de litoral; *costas*, no plural, refere-se sempre à parte do corpo que tem esse nome, não admitindo singular.

Espaço para suas experiências (o que você quiser registrar)

19 DEZEMBRO

SÓ FALTOU PEDIR PERDÃO DE JOELHO.

Quem pede perdão dessa maneira, o faz *de joelhos*, e não *de joelho*, a não ser que o suplicante tenha apenas um joelho. Dispondo de dois, terá que usá-los, sob pena de não merecer o perdão.

A GEOGRAFIA JÁ TEVE DIVERSOS MAPAS-MÚNDIS NESTE SÉCULO.

Assim como o estudo da geografia mostra as mudanças que houve, os idiomas apresentaram grande evolução, mas nunca admitiram flexões erradas, como *mapas-múndis*, pois o correto é *mapas-múndi*. Por quê? *Mundi*, no latim, significa *do mundo*, e não apenas *mundo*. Traduzindo para o português, seria *mapas do mundo*. Portanto, usar *mapas-múndis* seria como admitir *mapas dos mundos*.

Espaço para suas experiências (o que você quiser registrar)

20 DEZEMBRO

POR SI SÓ DESCOBRIRÃO AS FORMAS CORRETAS.

Menos o autor da frase, que precisa descobrir que, no plural, *só* flexiona para *sós* sempre que tiver o sentido de *sozinhos* ou *sozinhas*. É o caso da frase: Por si sós (sozinhos) descobrirão as formas corretas.

TAMBÉM SERÃO CONHECIDAS AS RAINHA E AS PRINCESAS

Das duas uma: ou o nervoso repórter se deixou levar pelo plural da forma verbal (*serão conhecidas*), ou se concentrou demais no encanto das candidatas. Seja como for, a rainha será apenas uma, não cabendo usar o artigo no plural (*as*). Mais tranquilo, dirá: Também serão conhecidas a rainha e as princesas.

Espaço para suas experiências (o que você quiser registrar)

21 DEZEMBRO

A NATUREZA PINTOU DIVERSOS ARCOS-ÍRIS NO CÉU.

Eram tantos, que o narrador exagerou, flexionando indevidamente. A forma correta de *arco-íris* é sempre a mesma: *arco-íris*, valendo para singular e plural.

ESTAREI VENDO BEM, OU ESTARÁ MEU ÓCULO VENCIDO?

Se está ou não enxergando bem, é questão que o oftalmologista poderá esclarecer. Cabe aqui alertar o empolgado mas confuso repórter para a necessidade não de óculos, mas para o erro de flexão que envolve o uso dessa palavra: não existe óculo, mas sim óculos, sempre no plural, *os óculos*.

Espaço para suas experiências (o que você quiser registrar)

22 DEZEMBRO

OS GUARDAS-CHUVAS SÃO TÃO NECESSÁRIOS QUANTO OS GUARDA-NOTURNOS.

É igualmente necessário fazer as flexões corretas, sob pena de estragar os efeitos das frases de efeito. Além de tudo, o autor da frase foi azarado, pois errou a flexão das duas palavras que têm *guarda* em seus compostos. Quando se origina do verbo *guardar*, essa parte do composto não flexiona: *os guarda-chuvas*. Sendo substantivo, a flexão é normal: *os guardas-noturnos*. Mais exemplos: *os guardas-florestais*, mas *os guarda-costas*.

JÁ COMENTEI MILES DE VEZES.

Com certeza, esse comentarista já pecou contra a língua outras tantas vezes, pois não existe *miles*. Possivelmente quisesse se referir a *milhares*, ou, quem sabe, *milhões*. Se for isso, só falta corrigir a frase: Já comentei milhares (milhões) de vezes.

Espaço para suas experiências (o que você quiser registrar)

_____
_____
_____
_____
_____
_____
_____
_____

23 DEZEMBRO

APROVEITOU DA SITUAÇÃO E SE INFILTROU.

E mais um erro vem se infiltrando na boa linguagem. Quem aproveita, aproveita alguma coisa, e não de alguma coisa. Por isso: Aproveitou a situação e se infiltrou. Preferindo, pode-se usar *aproveitar-se,* caso em que as coisas mudam completamente, pois quem se aproveita, se aproveita de alguma coisa. No caso, opção igualmente correta seria: Aproveitou-se da situação e se infiltrou. Como se vê, ter opções é bom para quem sabe optar.

O PRESIDENTE ESTÁ PARA O RIO DE JANEIRO.

O verbo *estar,* como ele próprio informa, refere situação estática; não indica movimento, chocando-se com *para,* preposição que indica sempre movimento. A preposição correta para situações estáticas é *em,* que, ao se fundir com o artigo definido, vira *na* ou *no.* Assim*:* O Presidente está no Rio de Janeiro.

Espaço para suas experiências (o que você quiser registrar)

_____
_____
_____
_____
_____
_____
_____
_____
_____

24 DEZEMBRO

ESTE É O ESPECIALISTA QUE ME REFERI.

É também um erro muito referido neste livro. Quem se refere, refere-se a alguém, e não alguém, razão pela qual a frase precisa ser corrigida: Este é o especialista a que me referi. Opcionalmente, em vez de *referir-se,* pode-se usar *referir.* Quem refere, refere alguém. Assim, a frase passaria por outra correção: Este é o especialista que referi.

O CANDIDATO NÃO ATENDEU OS REQUISITOS.

O autor da frase também não atende aos requisitos mínimos da boa linguagem, especialmente aos relacionados com a regência verbal. Com o sentido de *observar*, de *levar em conta*, o verbo *atender* exige sempre a preposição *a*, devendo a frase ser corrigida: O candidato não atendeu aos requisitos.

Espaço para suas experiências (o que você quiser registrar)

25 DEZEMBRO

A CRISE PELA QUAL O PAÍS ATRAVESSA.

Quem atravessa, atravessa alguma coisa, e não por alguma coisa. Evitando que mais um erro se atravesse, deve-se corrigir de imediato: A crise que o País atravessa.

A ATRIZ DEU A LUZ A UM MENINO.

Quando uma mulher dá à luz, o que ela faz é trazer a criança para a luz. Não tem poderes, nem precisa, para dar a luz, até porque a luz existe, independentemente de sua vontade. Para salvaguardar a verdade, deve-se escrever: A atriz deu à luz um menino.

Espaço para suas experiências (o que você quiser registrar)

___
___
___
___
___
___
___
___
___
___
___
___

26 DEZEMBRO

NOS FINS DE SEMANA MUITOS VÃO PARA A PRAIA.

Se vão apenas nos fins de semana, é porque vão à praia. Só vão para a praia os que forem para fixar residência. Em outras palavras, quem vai *para,* vai para ficar. Vai *a* quem vai temporariamente, que é o caso da frase: Nos fins de semana muitos vão à praia.

COMUNIQUEI O PRESIDENTE SOBRE O ASSUNTO.

Alguém precisa comunicar ao assessor que quem comunica, comunica alguma coisa a alguém, e não alguém sobre alguma coisa. Preservando as boas comunicações presidenciais, o assessor dirá: Comuniquei o assunto ao Presidente.

Espaço para suas experiências (o que você quiser registrar)

___
___
___
___
___
___
___
___
___
___
___

27 DEZEMBRO

FOI UM BONITO GOL PELA FORMA QUE FOI ARMADO.

À primeira vista, pode parecer que o pecado da frase esteja na falta de concordância entre *forma* e *armado*. No entanto, o que foi armado não foi a forma, mas o gol. O erro está mesmo no uso inadequado de *que,* que deve ser substituído por *como:* Foi um bonito gol pela forma como foi armado.

EVENTO TERMINOU COM FESTA.

A leitura completa da notícia acabou desmentindo a informação do título. A festa não havia sido prejudicada pelo evento. Pelo contrário, acontecera grande festa no encerramento. Ou será que o título estava certo? Nenhuma dúvida teria havido, nem choque entre as partes da notícia, se o autor da matéria tivesse trocado *com* por *em* no título: Evento terminou em festa.

Espaço para suas experiências (o que você quiser registrar)

_____
_____
_____
_____
_____
_____
_____
_____
_____
_____

28 DEZEMBRO

ESTAMOS FALANDO DESDE O MARACANÃ.

Falar *desde* algum lugar até que é possível, desde que o locutor esteja em movimento. No caso, ele começou a falar no Maracanã, de onde saiu sem parar de falar. Se deixarem, provavelmente dará volta ao mundo sempre falando... Brincadeiras à parte, os muitos locutores de futebol devem falar *do* Maracanã, *do* Mineirão, *do* Beira-Rio, *da* Arena... Assim, cansarão apenas as cordas vocais; preservarão as pernas e terão mais fôlego para suas narrações. Apenas para lembrar, *desde* também pode se referir a tempo: Desde ontem.

O QUE MAIS SE OUVE FALAR NO PAÍS É CORRUPÇÃO.

Enquanto isso, com relação ao português, o que mais ocorre de errado diz respeito à regência verbal. No caso, ouve-se falar *de* corrupção: O que mais se ouve falar no País é de corrupção.

Espaço para suas experiências (o que você quiser registrar)

_____
_____
_____
_____
_____
_____
_____
_____

29 DEZEMBRO

SONHO QUE SE TORNOU EM ESPLÊNDIDA REALIDADE.

Confundindo o verbo *tornar-se* com *transformar-se,* de igual sentido, o autor da frase desmanchou os sonhos dos professores de Língua Portuguesa, pois *tornar-se* não requer a preposição *em*. Assim: Sonho que se tornou esplêndida realidade.

A EQUIPE ATINGIU AO CLÍMAX.

O mesmo não acontece com autores de frases como essa, que insistem em pecar contra a regência verbal. Quem atinge, atinge alguma coisa ou alguém, e não a alguma coisa ou a alguém. Em outras palavras, trata-se de verbo que não precisa de preposição: A equipe atingiu o clímax.

Espaço para suas experiências (o que você quiser registrar)

_____
_____
_____
_____
_____
_____
_____
_____
_____
_____
_____

30 DEZEMBRO

ESTA É A ÚNICA MARQUINHA QUE VOCÊ PODE FICAR DO VERÃO.

Sem dúvida, essa chamada publicitária de conhecido produto destinado às mulheres também deixou sua marquinha, indesejada marquinha. Ignorou que o verbo *ficar*, com o sentido que tem na frase, exige a presença da preposição *com*, devendo-se corrigi-la: Esta é a única marquinha com que você pode ficar do verão.

O JUIZ SOLICITOU PARA QUE TODOS OS REPÓRTERES SAÍSSEM.

Devia ter solicitado também que procurassem ficar mais atentos à grave questão da regência verbal, mais uma vez atingida. Quem solicita, solicita alguma coisa, e não para alguma coisa. Assim sendo, elimine-se o *para:* O juiz solicitou que todos os repórteres saíssem.

Espaço para suas experiências (o que você quiser registrar)

OS CANDIDATOS DEBATERAM SOBRE OS PROBLEMAS MAIS RELEVANTES DO MUNICÍPIO.

31 DEZEMBRO

Só não debateram regência verbal, o que se faz agora: debate-se alguma coisa, e não sobre alguma coisa: Os candidatos debateram os problemas mais relevantes do Município. Debate-se com alguém: O candidato debateu o assunto com seu opositor. Pode também ser intransitivo, autossuficiente: Debate-se muito. Por último, pode ser pronominal: Debatia-se na cama.

FELIZ ANO-NOVO X FELIZ ANO NOVO

Qual das duas é a correta? Depende do alcance do desejo. Se a intenção for desejar uma boa virada de ano, aludindo apenas ao primeiro dia do ano, a forma correta é *Feliz Ano-Novo*, com iniciais maiúsculas e com hífen; se a intenção for estender o desejo para o ano todo, o correto será *feliz ano novo*, com iniciais minúsculas e sem hífen; a palavra *feliz* terá inicial maiúscula só se estiver no início da frase.

Espaço para suas experiências (o que você quiser registrar)

_____
_____
_____
_____
_____
_____
_____
_____

ANOTAÇÕES DE DEZEMBRO E/OU JANEIRO

OUTRAS OBRAS DO AUTOR

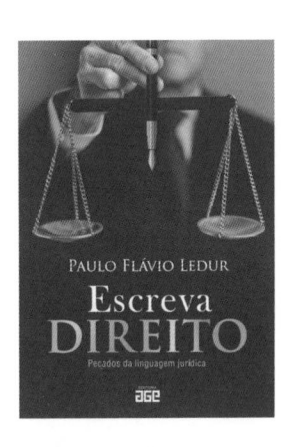

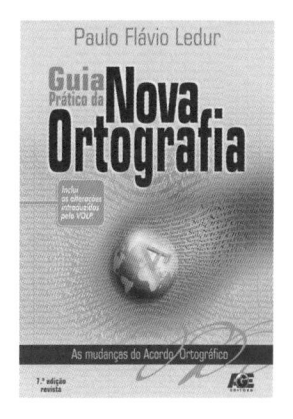

- Paulo Flávio Ledur — **Escreva Direito** (Pecados da linguagem jurídica)
- Paulo Flávio Ledur / Sampaulo — **Os Pecados da Língua** (Pequeno repertório de grandes erros de linguagem)
- Paulo Flávio Ledur — **Português Prático** (De acordo com a nova ortografia, incluindo as alterações introduzidas pelo VOLP)
- Cadore & Ledur — **Análise Sintática Aplicada**
- Paulo Flávio Ledur — **Manual de Redação Oficial** (Para todas as instâncias e esferas do poder público, inclusive nos meios eletrônicos)
- Paulo Flávio Ledur — **Guia Prático da Nova Ortografia** (As mudanças do Acordo Ortográfico — 7.ª edição revista)

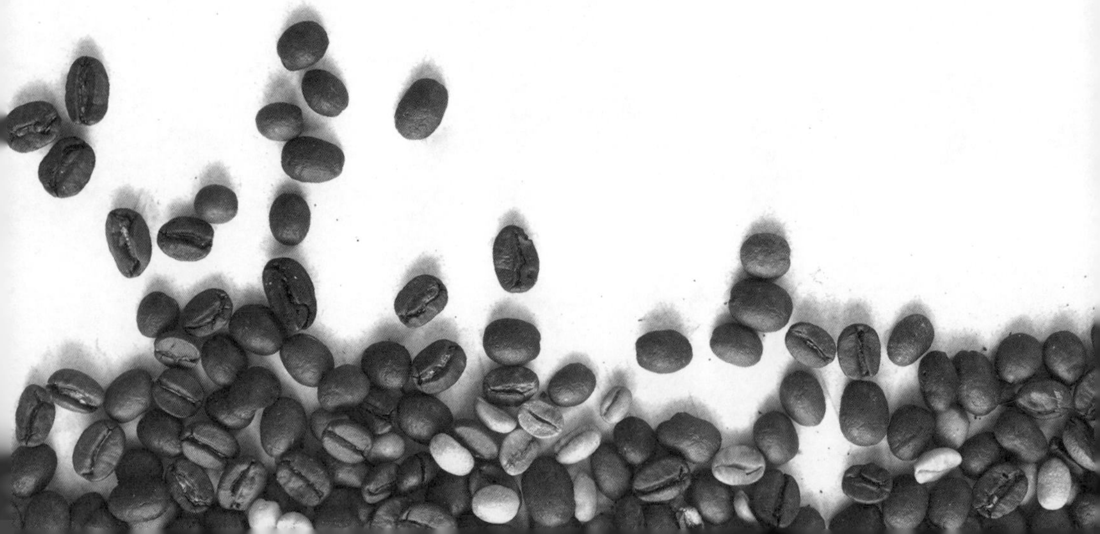